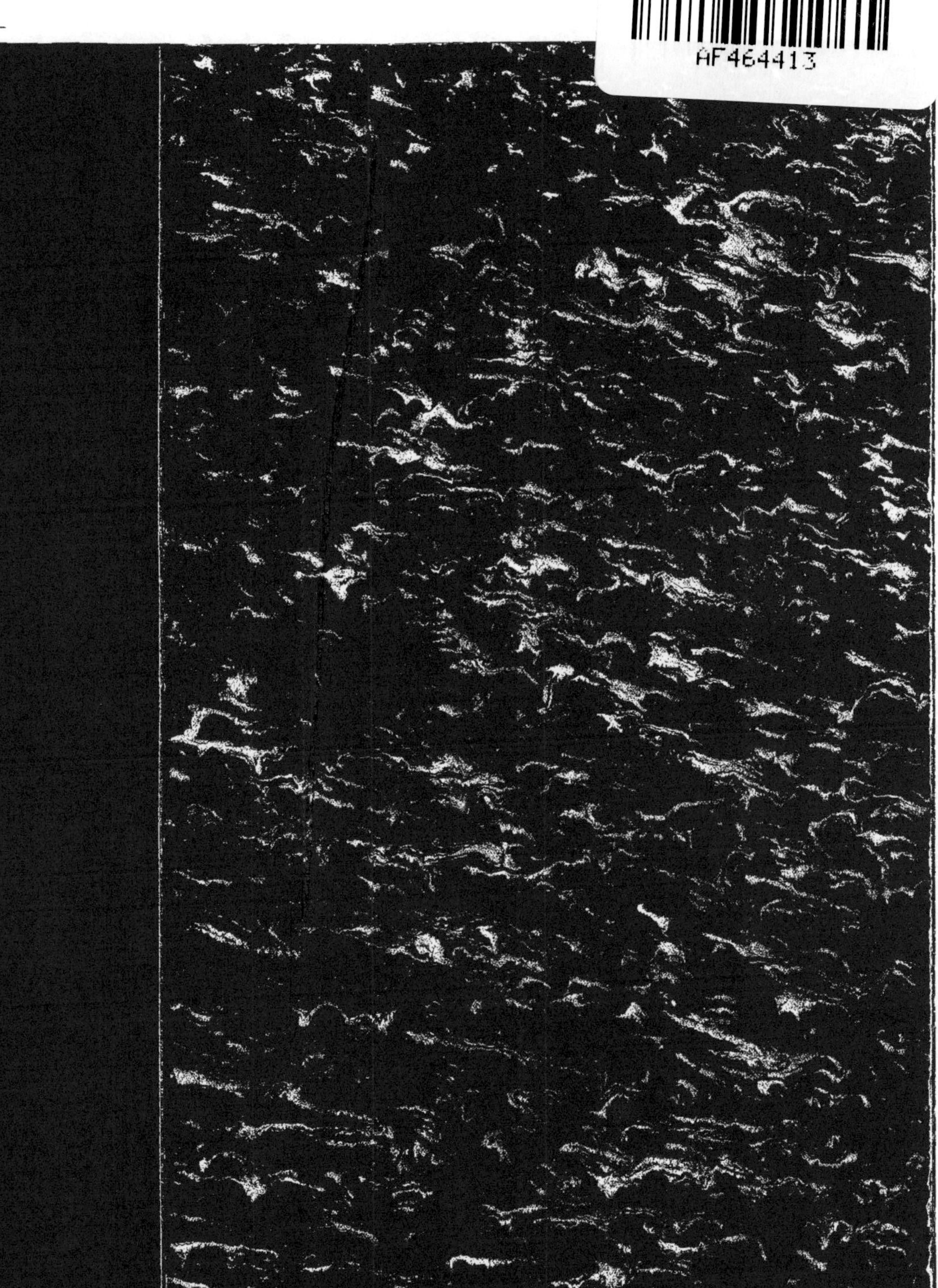

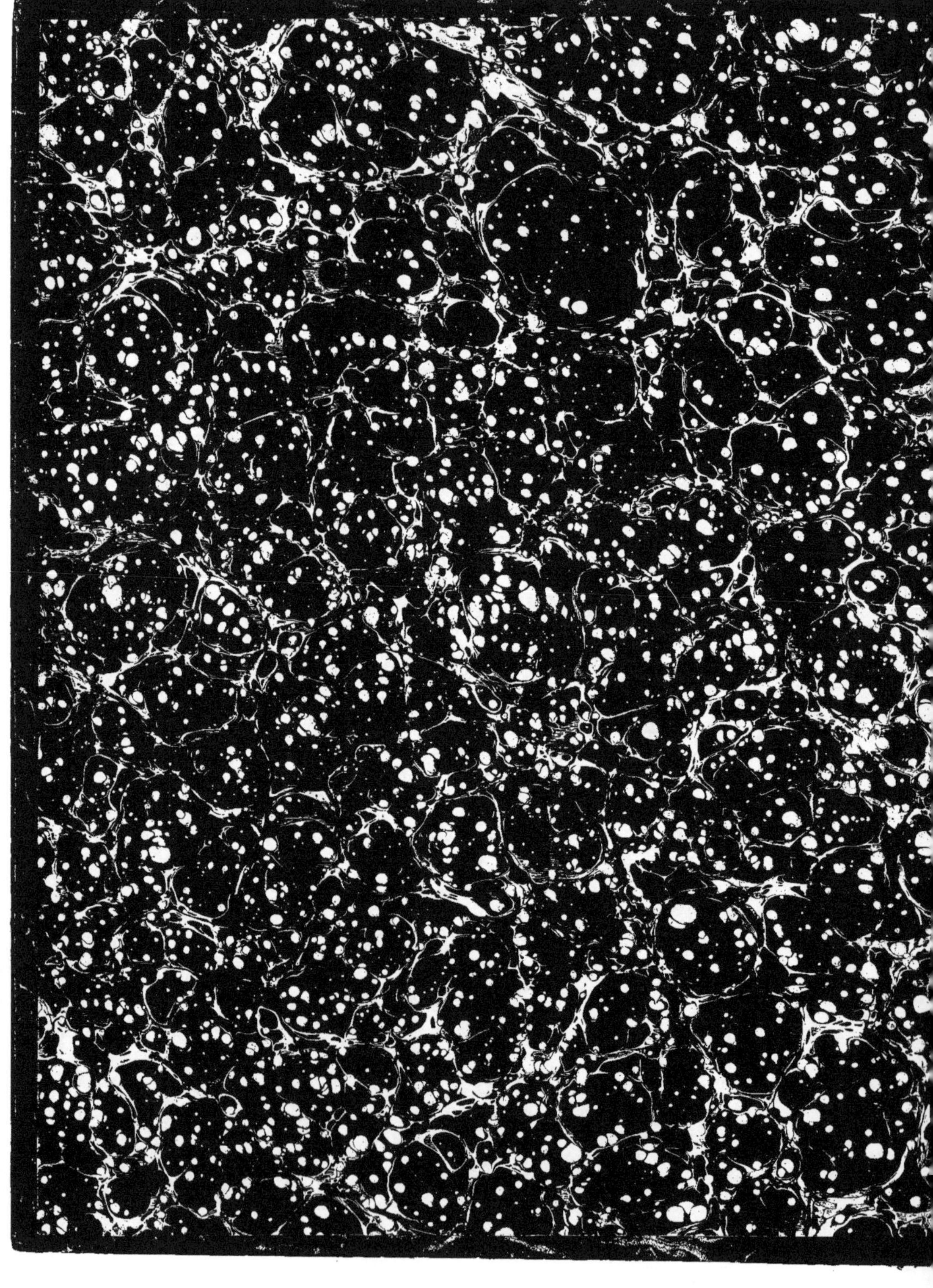

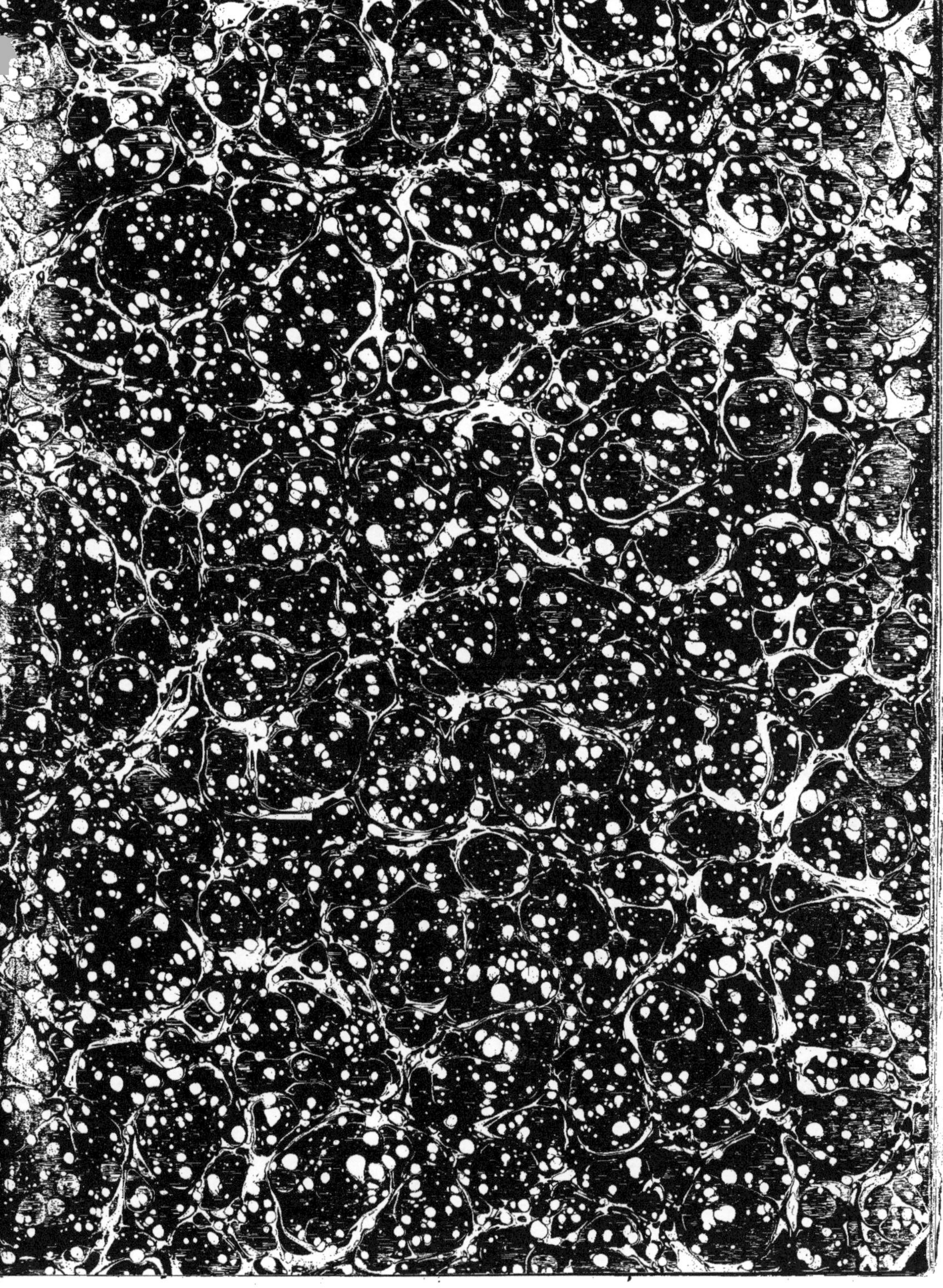

Le Château

DE

La Malmaison

HÉLIOTYPIE E. LE DELEY

CLICHÉS
DU
" Vieux Paris Artistique "

IMPRIMERIE J. CASTANET

CHATEAU

DE

LA MALMAISON

TEXTE HISTORIQUE ET DESCRIPTIF

orné de 100 planches en héliotypie, donnant plus de 200 Documents

DESSINÉS SPÉCIALEMENT POUR LA FAMILLE IMPÉRIALE

PAR

PERCIER ET FONTAINE

CHARLES FOULARD
7, QUAI MALAQUAIS, 7
PARIS

LA MALMAISON

Notice Documentaire, Historique et Anecdotique

I

La Malmaison, maison maudite *mala mansio*, selon l'étymologie la plus répandue, pourrait bien avoir été, du temps où elle dépendait de l'Abbaye de Saint-Denis, quelque maladrerie ou léproserie, sanatorium du moyen âge situé en un site délicieux. Cette explication de ce nom de mauvais augure aurait pour avantage de concorder avec la prophétie de la vieille négresse, sorcière de la Martinique, qui sut prédire à Joséphine de Tascher de la Pagerie en sa plus tendre enfance « qu'elle serait plus que reine et qu'elle mourrait dans un hôpital. »

D'autres chercheurs de vieilles lunes, sans respect pour la prédiction de la pythonisse de couleur, veulent que ce nom ne soit qu'un souvenir de l'invasion des barbares normands qui ravagèrent et incendièrent les régions voisines des rives de la Seine. Certains auteurs rapportent même qu'un chef normand s'y installa au XIIe siècle comme en un repaire d'où il terrorisait les populations en prélevant tributs et droits de seigneur. Il abusait surtout de certain droit de jambage qui affolait femmes et jeunes filles du pays continuellement exposées à subir l'horrible contrainte de la *Mala Mansio*, sorte de Parc aux Cerfs maudit à dix lieux à la ronde.

Ce qui tendrait à contredire la légende, c'est que ce nom réprouvé se retrouve sur divers points de nos provinces ; notamment tout proche de la forêt d'Yveline, en la paroisse de Bréviaire, se trouve une autre Malmaison, fief offert par un Seigneur de Montfort à l'Abbaye des Prémontrés de Joyeuval dont l'étymologie aurait une origine hospitalière.

Le comte de la Garde, dans ses *Fêtes et souvenirs du Congrès de Vienne*, donne une tradition plus pittoresque encore de ce nom macabre. Il prétend la tenir du prince Eugène de Beauharnais, le fils de l'impératrice Joséphine, ce qui semble être sans doute une facétie nouvelle ajoutée à la fantaisiste histoire représentant Richelieu comme propriétaire de la Malmaison dont il faisait le théâtre de ses vengeances secrètes. Un jeune bourgeois, frondeur et quelque peu parpaillot de la Rochelle, aurait même failli en faire la dure expérience. Convoqué par le cardinal ministre, il n'aurait dû son salut qu'à la rencontre, à l'auberge de Bon Secours, d'un agréable convive qui, au dessert, se révèle comme le compagnon ordinaire de Laubardemont, le bourreau de Chartres, mandé au château pour une exécution où le bel étourdi de la Rochelle doit jouer le rôle capital. De là, la dénomination de Malmaison.

Le malheur est que la Malmaison n'appartint jamais au cardinal; car, depuis 1244, on trouve la Malmaison classée parmi les fiefs de l'Abbaye de Saint-Denis.

En 1622, Christophe Perrot, conseiller au Parlement de Paris, en était le légitime maître et seigneur et sa famille conserva la propriété jusqu'à la Régence.

Il faut croire que depuis cette époque et même précédemment la demeure n'était pas tout à fait dans les proportions sommaires d'une grange ou d'une simple ferme puisque, dès le 7 octobre 1390, la maison est qualifiée d'Hostel dans un aveu passé sous le scel de la prévôté de Paris, rendu par Guillaume Touder, conforme à celui de 1376 à la réserve qu'il excipe du droit de passage au pont de Neuilly près de son hostel (Archives nationales LL. 1192 fol. 224).

Un conseiller, porteur de ce nom, au milieu du dix-huitième siècle, fit partie d'une délégation du Parlement, réfractaire à l'enregistrement des édits royaux, auprès du chancelier d'Aguessau. Il avait dû aliéner lui ou ses ascendants le fief en question ; car nous trouvons aux Archives Nationales (N[1] 231) un atlas détaillé des terres composant ce fief dont les feuilles furent dressées en 1733. Le plan général, en tête de l'ouvrage, nous indique les diverses parties du fief selon des couleurs différentes.

La couleur jaune indique le domaine de la Malmaison proprement dit. Il est porté comme appartenant à Madame d'Aguessau. Cette désignation comprend le château, la basse cour et le parc contenant 68 arpents 26 perches. Le tracé donne un aperçu assez exact de l'ordonnance des boulingrins et des allées dessinées suivant des lignes symétriques, se coupant selon des angles réguliers à la mode italienne et il est facile de deviner les plantations d'ifs et de buis dessinant ces lignes géométriques. Cependant un ruisseau, avec une île, coupe de son cours sinueux la régularité de ce classique jardin et semble présager déjà les fantaisies du parc anglais que l'imagination de Joséphine imposa aux intendants de ses jardins, sur les conseils de M. Morel et malgré l'opposition de Percier et Fontaine, les architectes-décorateurs qui auraient voulu conserver la belle ordonnance du dix-huitième siècle. La maison est située au même endroit qu'actuellement et son aspect extérieur devait être à peu près le même. Les architectes n'ajoutèrent guère, pour consolider les murs ébranlés par les réparations intérieures, que des pieds droits qui servirent de socles aux statues d'après l'antique, achetées à la vente organisée par le sieur Andrianne, adjudicataire du parc et du château de Marly.

La propriété de Madame d'Aguessau se composait encore d'une pièce de terre dite des 24 arpents et qui, en réalité, n'en avait que 22,86 ; du moulin à eau 19,10 ; le champtier du Clozeau, plus de 100 arpents ; la pointe de la chaussée, 8 à 10 arpents ; les Crémaillons, 45 environ ; les Gallicourt, une dizaine.

La couleur rouge désigne la censive du fief de la Malmaison ; le vert foncé indique le Domaine de la Seigneurie de Rueil ; les numéros écrits dans chaque pièce rappellent les articles de l'acte de 1668. Ceux précédés d'un T désignent les articles de la transaction du 9 septembre 1652, qui concerna diverses pièces du domaine et en arrêta la contenance pour le fisc.

Le fief était composé de prés et de terres ou champtiers. Les vignes contenaient 8 arpents. Voici les noms des diverses pièces :

Le Petites peines, les Graviers, le Cormier, l'Enfer, le Paradis, les Crémaillonnes, les Maltaires, les Pinssevins, les Gallicours, les Monbrilliers, la Pointe de la Chaussée, les Bois-Hudres, le Clos Godard, le Closeau, Bois du Roy et pré Bony, champtier des vingt-quatre (attenant au parc du château).

Les principaux propriétaires et tenanciers étaient : Mme d'Aguesseau, marquis de Même, marquis de l'Hopital, Mme de Saint Cyr, le sieur Roussin, Henri Henrizard, veuve Guillaume Rossignol, Jean Moque, veuve Nicolas Lafroi, veuve Denis Couturier, veuve Jean François, veuve Pierre Arnould, veuve Martin Guilbert, Pierre Richard, Joseph Piché, Nicolas Touchard, etc.

Le fief fort morcelé avait pour bornes : à l'ouest, le parc de la Chaussée au marquis de Même et la Seine ; au nord, le chemin Léonard et celui de Rueil, plus un enclos appartenant déjà à la famille Julien dont la descendante devait jouer auprès de Napoléon le même rôle que le meunier de Sans Souci auprès du grand Frédéric ; à l'est, nous trouvons le chemin de Saint Cloud, celui du Paradis ou des Vaches ; à l'est et au sud, la Seigneurie de Rueil.

M. Barentin, intendant d'Orléans acheta ensuite, ou hérita de la propriété de Madame d'Aguessau. Il la vendit à M. et Mme de la Jonchère pour le prix de 60.000 livres à charge par eux de faire 20.000 écus de réparations.

Après la mort de M. de la Jonchère, sa veuve loua cette campagne 2.000 livres à M. de Boulogne, receveur général. Celui-ci, à un moment, prêta cette demeure à M. de Séchelles, contrôleur général des finances, qui vint s'y reposer des fatigues de sa charge.

En 1760, la maison appartient à Mme Harenc et devient des plus hospitalières. Marmontel fut un des hôtes préférés de cette demeure et il paie son tribut de reconnaissance en célébrant, en prose, la femme qui fut sa protectrice, laide de visage et belle de cœur, ainsi que son fils, M. de Presles, aussi laid et aussi aimable. Un groupe de femmes de bon ton et de grand esprit formaient en ce lieu une charmante société.

Quelques années plus tard, les Le Couteulx du Moley sont les propritéaires de la Malmaison. Gens de robe et de finance, ils occupent pour leur villégiature Lucienne et la Malmaison. Marmontel n'est plus un commensal du logis ; mais nous y trouvons Madame Le Brun qui dépeint, dans ses écrits, les beautés du site et les grâces de Madame du Moley, qui avait pour hôte illustre le comte Olivarès. Le duc de Crillon et le bon abbé Delille venaient aussi fort souvent. Plus tard, M. du Moley reçut Sieyès et d'autres révolutionnaires et transforma en club ce joli château, ce qui lui permit de traverser sans encombre la terrible tourmente.

L'abbé Delille, comme Marmontel, put apprécier les douceurs de ce séjour charmant. Il chanta les beautés du ruisseau qui par une pente rapide roule du haut de la colline :

Mes flots se font un jeu d'exprimer dans leur cours
De la charmante Eglé les qualités brillantes
Ils savent toujours plaire en l'imitant toujours
J'aime à répéter dans mes eaux
L'azur des cieux, les fleurs de mon rivage
Et la verdure des berceaux
Mais j'aime cent fois mieux réfléchir son image.

S'il faut en croire le poète, Mme du Moley joignait, en sa personne, les qualités morales de Mme Harenc aux grâces physiques qui la rendaient digne d'être comparée à la nymphe du ruisseau.

II

Les Le Coulteux purent conserver cette épave de leur fortune jusqu'en 1798, époque à laquelle, ils la cédèrent à Madame Bonaparte, dont le fils et le mari étaient alors en Egypte.

Eugène de Beauharnais, en allant demander à Bonaparte l'épée de son père, mort sur l'échafaud, fut par cette démarche la cause de l'union célébrée peu après.

A Paris, Bonaparte eut de nombreux domiciles. Il habita l'Ecole Militaire, le logement de la rue de Conti, l'hôtel de Metz et l'hôtel des Droits de l'Homme; puis ensuite le petit appartement de la rue de la Michodière ; entre temps l'hôtel de la Colonnade et enfin la petite maison de la rue Chantereine (devenue, grâce à ses exploits, rue de la Victoire), en attendant le Palais du Luxembourg, le château des Tuilleries et l'Elysée-Bourbon.

Le bruit des victoires du jeune général emplissait l'univers de rumeurs, et d'admiration le cœur de la bonne Joséphine. Le petit hôtel de la rue Chantereine lui parut un piètre théâtre pour un tel acteur, bien que déjà elle eut su réunir là, grâce à son aménité charmante, les éléments d'une petite cour qui devaient influer sur bien des événements. Ses amis de la première heure cherchèrent avec ardeur le nid qui devait abriter à son retour d'Egypte la gloire naissante du futur César.

Maintes propriétés furent proposées et Joséphine hésita entre plusieurs. Elle se décida pour la Malmaison. Cette demeure fut acquise, a-t-on dit, de M. Le Coulteux de

Canteleu. Mais il résulte d'une lettre trouvée à la Bibliothèque impériale (Fonds Français, n° 12763) au milieu d'un fouillis d'autographes divers, par M. Ed. Fournier et qui a été publiée comme appendice à l'*Histoire du château de la Malmaison*, par M. de Lescure, secrétaire de la Commission d'organisation qui s'occupa, en 1867, de la fondation d'un Musée Napoléon, il résulte, disons-nous, que M. et Mme du Moley furent les véritables cessionnaires de la Malmaison. Sans doute, M. Le Coulteux de Canteleu, membre du Conseil des Anciens, fit des démarches pour maintenir à ses parents la possession de leur domaine; peut être aussi s'immisça-t-il pour la vente. La lettre en question, portée par le fils du menuisier Cochard, de Croissy, qui fut le patron d'Eugène de Beauharnais au temps égalitaire de la Terreur, est des plus explicites. En voici quelques extraits.

A Croissy le 11 Nivose an VII
Vendredy soir.

« J'ai passé ce matin, mon aimable voisine, quatre heures à la Malmaison et j'y ai trouvé Madame du Molley. Je vous demande toute votre attention pour la lecture de la longue lettre que je vous écrit. Je ne dois ne vous rien laisser ignorer de ce qui m'a été dit et de ce que j'ai vu, la détermination que vous avez à prendre étant importante. Si vous étiez aussi riche que le public le croit, je ne vous parlerais que des agréments de la plus jolie habitation que je connaisse, mais il faut que vous fassiez une acquisition utile et celle de la Malmaison est telle. Cependant si vous n'aviez pas votre riche mobilier, la perspective d'une jouissance de 20 à 25.000 fr. de rente à joindre au revenu de la Malmaison, votre existence y serait gênée ; il faut de l'aisance dans une belle habitation et les moyens d'y recevoir quelques amis.

« Mme Du Mollet à débuté par me faire voir une lettre par laquelle on lui propose de la Malmaison sans les meubles, 200.000 fr. comptant et un domaine n.al de 11.000 fr. de rente. J'ai répondu que voulant payer des créanciers un domaine à revendre ne pouvoit lui convenir et je lui ai demandé son dernier mot ; « 300.000, m'a-t-elle répondu, le Gal Bonaparte les a offerts au représentant Canteleux, mon parent, qui est prêt à l'attester. Ce fut un mois après sa promenade à la Malmaison. »

« J'ai répété que le Général ne vous avait jamais parlé que d'une offre de 250.000 fr. Mais qu'en supposant que depuis il eut en effet offert 300 000, les terres avaient baissé depuis ce temps là, et que je voudrais avoir à vous faire une proposition plus douce, que 300.000 pour la terre, environ 25.000 fr. pour les meubles, 15.000 au moins pour le mobilier rural, les denrées qui sont dans les greniers à acquérir, les frais de labour et de fumage à rembourser pour la prochaine récolte dont vous aurez, il est vrai, la jouissance, et environ 15.000 fr. pour les droits à payer à la nation vous constitueroient dans une mise de fonds d'environ 360.000 fr. J'ai donc prié Mme Du Molley de voir son mari qui était dans la maison, mais qui, n'aimant pas à traiter de la vente d'une terre qu'il a tant embellie et améliorée, l'avait priée de me recevoir et de savoir mon dernier mot. Elle a été le joindre et, pendant ce temps là j'ai été avec le concierge voir toutes les propriétés ; une promenade de deux heures et une longue conversation m'ont procuré les détails suivants.

« Il est assez difficile de pouvoir dire quel seroit le prix de ferme de la Malmaison ; depuis 30 ans cette terre est en régie. M. Du Molley y a fait tous les ans des constructions, des embellissements et des dépenses considérables. Ce concierge l'a toujours régie sous M. Du Molley et son père la régissoit sous ses prédécesseurs ; il y a, dit-il. 387 arpents en froment, en vignes, en bois et en prairies ; les terres sont excellentes. On a fait cette année 120 pièces de vin qui se vend 50 fr. La maison de M. Du Molley, composée de 25 individus, tous les gens de la ferme vivent sans acheter ; les vaches, les moutons, les cochons et une basse-cour énorme deffrayent toute cette maison, et, sans la baisse des terres la Malmaison devrait se vendre 500.000 fr. Voilà le langage du concierge, qui est tout triste de voir son maître forcé à vendre, et dit que s'il veut qu'il aille le servir dans la propriété qu'il compte habiter, n'importe à quel prix, il le suivra.

« J'ai voulu, ne pouvant avoir rien de certain sur un revenu fixe, calculer le revenu de cette propriété d'une autre manière. J'ai vérifié qu'en l'an IV la contribution foncière s'élevait à 6.931 fr., ce qui supposait un revenu quatre fois plus fort, par conséquent de 27.724 fr. Mais la moitié de cette année ayant été payée en papier, j'ai demandé les quittances de l'an V, et j'ai reconnu que dans cette année où le papier n'avait plus cours, l'imposition avait été réduite à 4.818 fr., et en supposant l'imposition portée à la rigueur du quart j'ai trouvé un revenu net, déduction faite de l'imposition, de 14.454 fr. Mais des frais qui doivent avoir lieu et des gages payés me l'ont fait réduire à 12.000 fr. Le concierge m'a dit qu'il y avait trois partis à prendre : celui d'avoir un seul fermier, que ce serait le plus simple ; de continuer à faire valoir, ou enfin d'affermer par deux ou trois arpents comme venoit de faire un voisin qui avoit loué les mêmes terres de 30 à 40, sur quoi il falloit déduire l'imposition qui étoit de 6 à 8, suivant les qualités de terre, mais que les vignes et les prés se loueraient mieux. »

« D'après cet exposé, j'ai calculé qu'en se réservant le parc, qui est de 75 arpents et dans lequel il y a bois, vignes, terres et prés, il resteroit 312 arpens à louer et qu'en ne les louant francs d'impôts que 30 fr., cela feroit 9360 ; qu'en ajoutant à ce revenu celui du parc que l'on estime 6000, mais que je réduis à 3000, cela feroit un revenu net de 12.000. Voilà un aperçu qui est rassurant.

« J'ai rejoint Mme Du Mollet et elle m'a dit quel étoit le dernier mot de son mari, sur lequel il ne variera plus. Il veut 200.000 fr. pour le ci-devant château, les glaces qu'il estime 20.000, le mobilier rural, sept chevaux, 12 vaches, 150 moutons, des cochons et la basse-cour la mieux garnie en dindes, poulles et pigeons. »

« Voilà deux sacrifices obtenus, d'abord 10.000 et le mobilier rural qui en vaut bien 12 à 15 milles.

« M. du Molley cèdera les meubles suivant l'estimation de deux tapissiers, elle sera partielle ou en masse, et elle fera connaître le peu d'objets qu'elle veut se réserver.

« Il sera fait, suivant l'usage, une estimation des frais de labour, de semence et de fumage faits pour la récolte prochaine, on y joindra l'impôt de l'an VII, et comme l'acquéreur jouira de la récolte, il payera ces objets.

« On estimera aussi les grains, fourrages, pailles, vins du pays qui existent dans les greniers et les caves et on ajoutera ce prix à celui de l'estimation des meubles que l'acquéreur payera en même temps.

« Comme il est impossible à M. Du Molley de recevoir avant le délai accordé par la Loi des hipothèques, il désire qu'à compter du dit jour, qui est je crois, dans le département de Seine-et-Oise, le 26 *Germinal*, on lui paie 150.000 fr. et 50.000 un mois après. Ce qui ne porte pas les payements a des époques plus éloignées que celles proposées par vous, Madame ; le surplus sera payé un an après.

« Ces paiements seront imputés partie sur ce qui entrera dans le Contrat et partie sur les objets mobiliers qui ne doivent point de droits à la maison.

« Voilà, ma chère voisine, ce que veut M. Du Molley. Si vous pouves donner ce prix, mad. Du Molley vous invite à voir sa maison et sa terre. Elle retourne demain à Paris et n'y reviendra que le 8, jour auquel elle sera charmée de vous recevoir. Mais si, ainsi que nous en avions fait le projet, vous voules y venir le 4 de cette décade, après demain, la maison vous sera ouverte et peut-être vous verres plus à votre aise, la maîtresse de la maison n'y étant pas. Ayes la bonté de me répondre par le commissionnaire, c'est le fils du menuisier Cochard pour lequel vous avies des bontés au tems heureux où nous vous possédions ; je vous prie de donner des ordres pour qu'on le fasse dîner pendant que vous me répondres. Dites moi, dans le cas où vous voudries aller à la Malmaison apres demain 4, à quelle heure je dois me trouver chez vous. En partant à 10 heures, nous y serions à 10 et demie et après avoir vu pendant 3 heures le dedans et le dehors nous pourrions revenir dîner à Paris.

« Je dois vous dire que M. Du Molley compte que son honnête et intelligent concierge le suivra dans sa retraite, mais j'ai obtenu qu'on vous le laissera jusqu'à la fin de l'été, époque à laquelle on peut donner la ferme, de sorte qu'il conduira tout jusqu'à cette époque, et en vérité je l'ai demandé, parce que quel homme que vous metties à la tête de cette régie il n'y entendroit rien et que si vous metties en ferme au mois de Brumaire, (Saint-Martin v. s.) il faudroit le renvoyer, au lieu que ce concierge s'en ira tout naturellement et que d'ici là personne ne peut vous donner de meilleures idées pour tirer parti de cette propriété. M. Du Molley en a une que j'ai goûté, il y a trois grandes avenues bien droites, bien tristes qui environnent ce château, on en tireroit 4000 fr. en les abattant, comme elles sont au milieu des terres, elles augmenteroient la culture et le revenu, alors on traceroit une avenue de peupliers qui partiroit du Chemin de St-Germain, tourneroit dans le vallon et conduiroit à la Maison. Je ne connais rien d'aussi agréable que cette manière d'arriver. J'en ai vu un exemple à quelques lieues de Paris.

« Je dois vous dire que cette pauvre Mad. Du Molley a frissonné quand j'ai dit que, lasse de Paris, si vous achetiες, il seroit possible que vous y vinssies quinze jours après, elle comptoit y rester une partie de l'été, je dois vous dire aussi qu'elle et son mari occupent un charmant apartement à la ferme et séparé du château dans lequel il y a dit-on, 20 apartements, elle m'a demandé si elle vous generoit en se le réservant jusqu'en Thermidor, elle seroit là pres de Paris et pourroit y aller faire ses affaires avant de se retirer dans sa retraite, alors vous pourries occuper le chateau, le lendemain de votre acquisition et ce procédé vous attacheroit encore plus le concierge dont vous aves besoin jusqu'au moment où vous feres un bail.

« J'ai oublié de vous dire que l'on pouvoit avoir à la Malmaison 300 bêtes à laine et que cet objet bien conduit pouvait ajouter au revenu de la terre.

« La propriété est tout ce que j'ai vu de mieux dans le genre utile et agréable. Mais je le répète avec son seul revenu on seroit gené parce que la maison est grande et la ferme superbe. Ce dernier objet est étonnant.

« Si vous vous décides, M. Du Molley vous prie de n'en pas parler jusqu'à la signature, Je vous invite aussi à ne mener à la Malmaison que votre charmant enfant (1); n'oublies pas de me mander à quelle heure vous me voules le 4. J'irai coucher demain à Paris.

« Voici une épître éternelle, mais j'ai du vous tout dire. Gardes-la et vous me la rendres après demain, puisqu'elle me rappellera tous les engagements pris par M. D. M.

« Adieu, mon aimable Voisine, combien je serai heureux, si cette acquisition en offrant des objets d'utilité répand quelques charmes sur votre vie.

« Agrées, ma chère Voisine, mon ancien et respectueux attachement.

« CHANOUR » (ou Chavour ?).

1. Il s'agit évidemment d'Hortense. Eugène était alors en Egypte avec Bonaparte.

Cette lettre indique bien que Madame et M. du Molley étaient propriétaires de cet immeuble et que leur parent de Canteleu ne s'était entremis auprès de Bonaparte que pour le leur faire vendre.

M. Chanour continue les négociations en bon voisin de Joséphine qui a habité dans ces parages durant la période révolutionnaire. Le chiffre cité jusqu'ici comme prix d'achat et qui ne dépasse pas 160.000 francs est inférieur à celui de 290.000 francs, dernier mot de M. du Molley ; mais quelque arrangement ultérieur a pu le modifier. Joséphine aura renoncé à comprendre dans le marché la ferme que Madame du Molley voulait résider jusqu'à Thermidor et le prix a pu être diminué d'autant ; car la future impératrice recherchait plutôt une propriété d'agrément qu'une propriété de rapport. Ce n'est que plus tard que Bonaparte, si pratique en toute chose, s'efforcera de réunir à la Malmaison l'*utile dulci*. Joséphine s'occupera de la culture des fleurs, de relations agréables des lettres et des arts, des dévouements à récompenser, tandis que son mari, tout en profitant et jouissant des distractions et des amitiés procurées par sa femme, traitera les affaires d'Etat et les affaires du domaine : coupe, labourage, fermage, annexions utiles, voire même bergerie et basse-cour.

Enfin cet achat fut fait en l'absence de Bonaparte par l'entremise du notaire de Rueil, Me Raguideau, qui depuis..... mais alors il passait pour vertueux. Nous reparlerons plus loin de ce tabellion plus ou moins estimable.

Madame Bonaparte eut quelques difficultés pour payer le prix comptant ; ses amis dévoués durent lui venir en aide pour terminer l'achat afin que le général eut la surprise agréable de n'avoir plus qu'à s'installer à son retour d'Egypte.

Dans un carton des Archives nationales (o[2] 1207) nous trouvons la pièce significative suivante :

Le 2 floréal an VII, Marie Joséph Rose Tascher, veuve en première noce d'Alexandre François Marie Beauharnais, et maintenant épouse en secondes noces de Napoléon Bonaparte de l'Institut, d'avec lui séparée quant aux biens, suivant leur contrat, le mariage passé devant le citoyen Raguideau. La dite citoyenne Buonaparte, demeurant à Paris, rue de la Victoire, ci-devant Chantereine n° 8, reconnait devoir légitimement à Jean Lhuillier, cultivateur, demeurant commune de Rueil, la somme de 15.000 francs pour garantie de laquelle, ladite citoyenne donne en gage hypothécaire le domaine de la Malmaison qu'elle est sur le point d'acquérir.

Ce madré paysan n'eut garde sans doute de prendre hypothèque ni de se faire rembourser autrement que par acompte. Il sut se glisser de la sorte dans l'intimité de Joséphine, puis de Bonaparte, dont il lui était facile de présager la haute destinée.

Napoléon interrogea souvent ce Jean Lhuillier sur des questions rurales et agricoles et l'on s'étonna de voir fréquemment le premier consul, puis l'empereur, courir les prés, les bois et les champs en compagnie du bonhomme qui eut le talent de rester le créancier de l'impératrice jusqu'en juin 1810.

En effet, à cette époque, il était encore dû 9.876 fr. 54 à Lhuillier sur cette créance montant, avec les intérêts, depuis le 21 juin 1801, à 14.573 fr. 38 que le trésorier de la Couronne autorise à payer sur le fonds de 186.000 fr. accordé par S. M. l'empereur le

24 juin 1810 pour solder les acquisitions faites et dettes contractées pendant l'exercice de Mᵉ Raguideau, notaire, prédécesseur de M. Noël.

Ce paiement intégral ne signifie pas que le sieur Lhuillier fut tombé en disgrâce, bien que le brave homme dut être navré de perdre ainsi un si beau titre et... un placement avantageux ; mais le divorce étant prononcé, Napoléon devait régler définitivement le passif de Joséphine ; plus d'une fois, elle en laissa ignorer le chiffre à son terrible époux qui n'entendait pas la raillerie en matière de finances.

L'année suivante, cependant, ce même Christophe Jean-François Lhuillier achetait, pour le compte de l'impératrice, 18 arpents, 60 perches de prés pour une rente de 1.200 francs à la commune de Rueil plus une indemnité de 7.800 francs à un tiers lésé et une somme de 19.139 francs ; en tout, avec les frais du notaire, 27.923 fr. 32.

Le 16 juillet 1811, le sieur Deblée, gendre de M. Lhuillier, et sa femme, née Lhuillier, vendaient à l'impératrice pour 20.386 fr. 87, frais compris, 21 arpents, 27 perches de terres, biens provenant de la liste civile et achetés par Lhuillier à la vente des biens nationaux.

Malgré le divorce, Joséphine continuait à augmenter son domaine sans doute par déférence pour l'empereur qui lui conseillait l'économie, conseil facile à suivre grâce à la rente de trois millions qu'il lui servait. L'excellente femme avait toujours suivi la maxime de Louis XIV qui affirmait qu'un roi faisait l'aumône en dépensant beaucoup. Elle avait toujours la main largement ouverte, dépensait sans compter, achetait sans s'informer d'aucun prix et encourait ainsi les reproches de son très méthodique époux qui essaya, maintes fois, mais en vain, de réglementer ce désordre et mettre un frein à cette généreuse prodigalité. Même après le divorce, il lui donnait souvent des leçons d'économies. La lettre suivante en fait foi :

A l'impératrice Joséphine, à Malmaison.

Trianon, 15 août, 1813.

J'ai reçu ta lettre. Je vois avec plaisir que tu es en bonne santé. Je suis pour quelques jours à Trianon. Je compte aller à Compiègne. Ma santé est fort bonne.

Mets de l'ordre dans tes affaires : ne dépense que 1.500.000 francs et mets de côté tous les ans autant ; cela fera quinze millions en dix ans pour tes petits enfants ; il est doux de pouvoir leur donner quelque chose et de leur être utile. Au lieu de cela, on me dit que tu as des dettes, cela serait bien vilain.

Occupe-toi de tes affaires et ne donne pas à qui en veut prendre. Si tu veux me plaire, fais que je sache que tu as un gros trésor. Juge combien j'aurais mauvaise opinion de toi si je te savais endettée avec trois millions de revenu.

Adieu, mon amie. Porte-toi bien.

NAPOLÉON.

Joséphine achetait-elle des arpents de terre pour obéir à cette injonction de son ex-époux, ou continuait-elle à obéir à l'impulsion de son goût de dépenses? Il est certain qu'elle achetait aussi volontiers des champs que des bijoux et que nous trouvons trace des diverses acquisitions de domaines réunis à la Malmaison et des incidents qui s'ensuivirent. (Arch. nat. o² 1207.)

Nous citerons d'abord l'adjudication des bois de Saint-Cucuphat et de la Marre, qui étaient compris dans l'ancien fief. (Voir notamment aux archives 9' 1480, un bail pour 9 ans par Pierre Mathieu de la ferme de la Mare contenant 84 arpents, dépendance du fief de la Malmaison, moyennant 150 livres par an.)

Voici un extrait de l'affiche de vente :

Le 14 prairial, an 13, il est procédé à la réception des premières enchères pour la vente des biens nationaux désignés dans l'affiche approuvée le 5 prairial : bois provenant du Prytanée de Saint-Cyr, enclavés de toute part dans ceux de la Celle, du Butard et de Rueil, connus sous le nom de Saint-Cucuphat et de Bois de la Marre à Prévôt. Le bois de Saint-Cucuphat est de la contenance de 44 hectares, 18 ares, en six morceaux enclavés dans les biens nationaux : 17 hectares de l'âge de 13 ans, 8 de 21 ans, 4 de 9 ans et 15 hectares 18 ares d'un à deux ans. Essence dominante : chêne et châtaignier. Le Bois de la Marre à Prévôt contient 17 hectares 23 ares en deux pièces : chênes et châtaigniers de différents âges. — Le sieur Louis May, demeurant rue Saint-Sauveur, n° 35, à Paris, a poussé les dernières enchères à la somme de 79.750 fr. 35, lequel a déclaré que l'adjudication ci-dessus est pour et au nom de Sa Majesté l'impératrice.

L'autorisation de paiement du trésorier général de la Couronne n'arrive que plus tard ; elle est ainsi libellée :

Prix de 61 hectares 41 ares de bois, dit le bois de Saint-Cucuphat et le bois de la Marre, adjugés à S. M. l'Impératrice Joséphine, le 19 prairial an 13, avec les intérêts de retard calculés jusqu'au 6 septembre 1809, soit 97.326 fr. 02.

Ce retard n'est pas une bien grosse affaire, mais il indique sans doute l'hésitation de confesser un achat fait sans avoir cousulté l'Empereur.

Les complications deviennent plus graves pour l'achat du domaine de Buzenval et le rôle du notaire Raguideau dans cette affaire apparaît sous un jour plutôt fâcheux.

Assurément, cet homme d'affaires profita plus que tout autre de la légendaire bonté de Joséphine et ce ne fut qu'à la mort de ce peu délicat notaire qu'il fut possible de régler définitivement les infortunés créanciers du vendeur, devenus ceux de l'Impératrice.

Napoléon qui aimait à régler ses affaires privées aussi nettement que les affaires publiques voulut que cet imbroglio reçut une solution immédiate dès qu'il le connut. Il fallut d'abord lui soumettre les circonstances de la cause :

DOMAINES RÉUNIS A MALMAISON

6 mai 1809.

Extrait d'un rapport adressé à Sa Majesté sur la réclamation de M. Guillon pour le paiement du domaine de Buzenval, d'après l'avis du Comité du contentieux de la Maison Impériale.

..... Le domaine de la Malmaison fut acquis de M. Guillon au nom de Sa Majesté l'Impératrice par un acte sous-seing privé, le 18 brumaire an 13. Le prix en fut fixé à 425.000. Mais il fut convenu que lorsqu'on rédigerait cet acte de contrat public, le prix principal ne serait porté que pour 400.000 fr. C'était un moyen de faire passer 25.000 fr. entre les mains de M. Guillon sans que les créanciers pussent s'y opposer. Et en effet, cette somme fut payée à M. Guillon avant que l'on rédigeât le contrat public.

Ce contrat a été passé le 6 ventôse an 13. On a payé par l'acte même une somme de 25.000 fr. à un créancier inscrit en rang utile, sur le prix principal, on observa que le domaine était grevé de rentes viagères formant une somme de 4.543 fr. 21. Il fut convenu que jusqu'à leur extinction, un capital de 90.864 fr. 20 resterait entre les mains de l'acquéreur pour en assurer le service. Il ne restait donc exigible sur le prix que la somme de 284.135 fr. 80. Le paiement de cette somme fut stipulé en deux termes, savoir six semaines après la transcription du contrat, soit. . . . . francs. 125.000

Et le 6 ventôse an 14. . . . . 159.135

Le 9 pluviôse an 13, le notaire Raguideau obtient de Votre Majesté un bon en vertu duquel le Trésorier Général de la Couronne lui remit une somme de. 205.000

Cette somme était destinée à rembourser : 1° les prix d'enregistrement, de transcription et de contrat, montant par aperçu à. . . . . francs. 30.000

2° à payer les 25.000 fr. promis par l'acte sous-seing privé du 11 brumaire an 13. 25.000

3° à payer la première partie du prix, montant à la somme possible. . . . 150.000

205.000

Me Raguideau a retenu pour les frais d'enregistrement et de contrat dont ses héritiers doivent justifiés les détails, une somme de . . . . francs. 30.000

Par l'acte privé, il a compté à M. Guillon. 25.000

Par le contrat, il a payé à un créancier hypothécaire. 25.000

En tout. 80.000

Ainsi il est resté débiteur de 125.000

Ce qui paraît s'être opposé à ce qu'il ait continué les paiements qu'il avait commencés, c'est qu'il s'est élevé entre les créanciers un procès pour l'ordre de leurs hypothèques. Il est mort avant que ce procès ait été terminé, et sa succession excessivement embarrassée n'est pas encore près d'être liquidée, bien qu'on y travaille depuis 9 mois.

Cependant le dernier terme du paiement de Buzenval, fixé au 6 ventôse an 14, est échu. Les créanciers inscrits, lassés de la longueur de la procédure d'ordre, ont souscrit ou sont prêts à souscrire à des arrangements par lesquels leurs créances sont réduites de la somme qui reste due sur le prix de Buzenval. Il n'y a donc aucun obstacle légal à ce que le paiement en soit fait. Cette circonstance particulière force M. Guillon à solliciter de Votre Majesté la conclusion de cette affaire. C'est qu'un créancier inscrit pour 225.000 fr. a consenti à réduire sa créance à 50.000 fr. pourvu qu'il fut payé dans le délai de quinze mois. Ce terme est près d'expirer et néanmoins cet arrangement est la dernière ressource de M. Guillon qui, ayant à Saint-Domingue des biens, autrefois considérables, est aujourd'hui réduit à la pauvreté.

Il n'a été payé par Me Raguideau rien au-delà des 50.000 fr. au profit de M. Guillon. Il est mort dépositaire d'une somme de 125.000 fr. et il en était comptable envers Votre Majesté seule. M. Guillon n'avait aucune action à exercer contre lui et l'abus de confiance dont ce notaire peut s'être rendu coupable envers Votre Majesté, ne peut devenir nuisible à des créanciers légitimes qui n'ont point reçu leurs paiements et qui ne sont entrés en aucun arrangement avec lui. Les héritiers Raguideau prétendent que leur père a employé cette somme pour des objets relatifs au service de Votre Majesté. Ils ont remis un compte à ce sujet que M. le Trésorier général de la Couronne s'occupe de vérifier ; mais l'obligation de payer au vendeur le prix qui a été stipulé avec lui, ne permet pas de le renvoyer après la vérification d'un compte qui lui est totalement étranger. L'existence des inscriptions hypothécaires cessera d'être un obstacle au paiement du prix puisqu'elles seront levées par le consentement des créanciers et par l'accomplissement des formalités prescrites par la loi.

Sire, j'ai l'honneur de proposer à Votre Majesté, conformément à l'avis du Comité du contentieux, d'ordonner que le prix exigible du domaine de Buzenval soit payé avec les formalités ordinaires pour la radiation des inscriptions ; Et comme le crédit ouvert par le budget est insuffisant par ce que l'on n'y a pas compris les frais de contrat et d'enregistrement et les frais de quittance ; que Mᵉ Raguideau en a distrait 125.000 fr. et qu'il est dû dix-huit mois d'intérêt, j'ai l'honneur de proposer à Votre Majesté d'ajouter au crédit ouvert pour l'achat de Buzenval : 1° une somme de 96.260 fr. 80 qui servira à solder immédiatement le prix exigible de cette acquisition avec les frais et les intérêts ; 2° une somme de 90.884 fr. 20 dont le paiement n'aura lieu qu'à mesure et en proportion de l'extinction des rentes viagères.

Prix du domaine	francs.	425.000
Frais du contrat		30.000
Frais de quittance		4.000
Intérêts du 11 brumaire an 13 au 1er mai 1806		28.125
		487.125
Fonds faits . . . francs. 425.000 / Reste entre les mains du notaire. 125.000		300.000
Nouveau crédit nécessaire		187.125

(Signé) : Daru.

Il ne nous a pas été possible de retrouver le compte que les héritiers Raguideau avaient dressé pour justifier le détournement de leur père qui, sans doute, pensait que la généreuse Joséphine serait là pour arranger l'affaire à son avantage et pour sa justification.

L'Empereur ne l'entendit pas ainsi pour régler ce qui était légitimement dû. Par décision du 6 mai 1806, il accorda les 187.125 fr. demandés. Frais, intérêts et capital furent payés plus, vu le décès de la demoiselle Cœurderoy, qui jouissait d'une rente viagère, une somme de 35.555 fr. 55 est payée aux mineurs Boubée ; laquelle somme était retenue pour le service de la demoiselle Cœurderoy éteinte par son décès, et dont les dits mineurs Boubée étaient délégataires aux termes de l'acte du 29 mai 1806.

L'Empereur pouvait penser que cette affaire était réglée après avoir payé 125.000 fr. de plus qu'il n'aurait dû.

En 1810, nouvel incident pour l'entier paiement des acquisition effectuées par Mᵉ Raguideau, soit à Buzenval, soit au Prytanée de Saint-Cyr. Un rapport du comte Estève trésorier payeur de la Couronne, le constate brièvement et mélancoliquement avec toute la brutalité de ses chiffres. A cette époque il fallut donc fournir 195.009 fr. 08 au lieu de 148.518. fr. 89 qu'on aurait eu à payer en effectuant les versements à temps et à propos, soit 46.490 fr. 19 qu'ont coûté à la Couronne en frais et intérêts les atermoiements et les erreurs.

Mᵉ Noël, successeur de Mᵉ Raguideau, solde définitivement tous ces comptes et porte un état de frais de 3.641 fr. réduit à 3.400 fr. suivant la juste et parcimonieuse méthode de Napoléon, dont la munificence n'excluait pas une économie bien entendue, surtout en matière de mémoires et autres comptes d'une élasticité à peu près certaine.

Il acheta plus tard le pavillon de la Jonchère qui servit de résidence à son fils adoptif, Eugène de Beauharnais, puis ensuite le pavillon de Butard et les bois d'alentour ; il fit aménager cette dernière résidence en rendez-vous de chasse.

III

Après l'achat de la Malmaison, Joséphine s'occupa sans cesse d'arranger et d'améliorer le château et le parc, sans jamais permettre aux architectes Percier et Fontaine de faire table rase et d'élever un nouveau palais plus digne des hôtes illustres qui habitaient et fréquentaient le logis. La future impératrice s'attache si bien à sa nouvelle acquisition qu'elle ne voulait pas qu'on y retranchât rien, mais pour ce qui est d'ajouter et de modifier, ses désirs ne connurent point de bornes. Percier et Fontaine furent souvent au désespoir d'exercer leur talent dans des limites aussi étroites et plus d'une fois maudirent cette « grande bâtisse » aux lignes rigides et froides dans laquelle et autour de laquelle, ils devaient entasser des merveilles.

Tant bien que mal, ils s'y efforcèrent et durent parfois supporter la mauvaise humeur et les critiques de Napoléon et de Joséphine, peu satisfaits des résultats obtenus et fort étonnés de l'importance des sommes dépensées.

Le Premier Consul, au retour de ses campagnes, désapprouva le péristyle d'entrée en forme de tente qu'il dit « ressembler avec ses grilles à une cage d'animaux féroces. Il n'en partagea pas moins l'idée de sa femme et voulut que tout fut réparé, décoré et rajeuni mais non complètement changé d'aspect. Ce fut alors que les architectes durent soutenir les murs extérieurement par des pieds-droits qui servent de socle à des statues, enlevées en 1815 par les Cosaques.

Nous trouvons dans les *Mémoires inédits*, de Fontaine, des détails intéressants sur la génèse de ces réparations constamment étendues selon la progression même de la fortune napoléonnienne.

1er Germinal (22 mars 1800).

SALLE A MANGER DE MALMAISON

La décoration de la petite galerie de Malmaison exécutée par les citoyens Jacob et Moench, a été faite et placée en dix jours. Cet ouvrage a obtenu un assez grand succès et le Premier Consul qui, dit-on, n'est pas facile à contenter, en a paru satisfait. Il ordonne que la salle à manger soit agrandie et que toutes les petites pièces qui précèdent la chambre à coucher soient détruites ; qu'il lui soit fait un logement dans le pavillon du nord, au-dessus du salon. Il veut augmenter l'étendue du parc et embellir les jardins en faisant de nouvelles plantations et un grand lac. Ces dispositions nous mettent au pied de la maison, mais aussi nous font perdre l'espérance d'exécuter jamais les nouveaux projets que nous avions faits...

1er prairial (21 mai 1800).

On continue les dispositions de la nouvelle salle à manger de Malmaison ; le Premier Consul, qui se plaît beaucoup à la campagne, a continué de se promener le matin de bonne heure, souvent seul, quelquefois il se fait accompagner du sieur Lhuilier, ancien régisseur de M. Le Coulteux, espèce de personnage grossièrement malin, il me prie aussi de le suivre et me laisse apercevoir dans les questions et dans ce qu'il me dit les grands projets de magnificence, mais en même temps de la plus sévère économie.

13 Messidor (2 juillet 1800).

On reçoit la nouvelle de la victoire de Marengo. Madame Bonaparte donne un souper sous les arbres du petit jardin à Malmaison. Nous avons fait placer des tentes que Lecomte nous a prêtées, pour couvrir les tables du repas...

Fontaine n'ajoute pas ce détail, que nous trouvons ailleurs, que ce soir-là, Joséphine planta un jeune cèdre pour perpétuer la date mémorable. On le montre encore près de la chapelle bâtie par la reine Marie-Christine qui fut plus tard propriétaire de la Malmaison.

Ce détail est d'ailleurs bien typique et nous peint l'amour exagéré de la future impératrice pour tout ce qui touche à la botanique. Nul officier de marine, nul navigateur, nul grand négociant ne revenait de voyage sans lui rapporter le tribut de quelques espèce nouvelle, graine ou bouture qui devait être la gloire des merveilleuses serres, chaudes ou froides, où les plantes du monde entier devaient trouver l'atmosphère qui leur convenait. La Martinique, cette île merveilleuse ou germent les plus beaux fruits et les plus belles fleurs, expédiait périodiquement à son illustre enfant ses produits les plus remarquables et les plus dignes de lui plaire.

Les Anglais eux-mêmes firent galamment parvenir à leur destinataire ces colis tombés entre les mains de leurs marins.

20 Messidor (9 juillet 1800).

La salle à manger, celle du billard et le vestibule de la Malmaison sont presque achevés. Le Premier Consul qui est de retour, est satisfait de ces changements ; il ordonne que l'on décore le salon que l'on fasse une salle de Conseil à la place de la chambre à coucher du rez-de chaussée et une bibliothèque dans le pavillon d'angle à la suite du côté du midi ; il logera désormais au premier, au-dessus du salon de compagnie.

C'est Jacob qui est chargé de la menuiserie et de l'ébénisterie du salon de la petite galerie et de la salle de billard.

3 Vendémiaire an IX (27 septembre 1800).

..... Madame Bonaparte prend à tout ce que nous faisons un intérêt très vif. Elle ordonne de nouveaux embellissements. Elle veut que l'on s'occupe des jardins, des eaux, des serres chaudes, enfin de tout ce qui peut contribuer à rendre plus agréable cette habitation qu'elle regarde comme sa propriété particulière. Les projets varient sans cesse. Elle désire toujours et nous ne pouvons parvenir à lui faire adopter un plan, une marche réglée pour arriver au but qu'elle se propose d'atteindre...

C'est qu'assurément Joséphine n'est ni un calculateur ni un stratège. Ses projets sont d'ailleurs toujours dépassés par la fortune du général qui est comblé sans cesse de nouvelles faveurs du sort et des hommes.

Elle veut que le cadre soit digne du portrait et elle l'agrandit sans cesse. S'il y a quelque incohérence dans les ordres, c'est qu'elle ne sait prévoir les grandeurs du lendemain bien qu'elle les ait si bien préparées par ses réceptions de la rue Chantereine, soit par celles qu'elle organise à la Malmaison et qui doivent former les éléments de la cour future.

19 frimaire (10 décembre 1800.)

Le Premier Consul ne devait, dans le principe, venir à Malmaison que pour s'y délasser et y oublier, une fois la semaine, les affaires du gouvernement de l'Etat ; mais aujourd'hui, il y reçoit les hommages ; les ministres y viennent lui rendre des comptes ; les chefs de l'armée lui font leur cour et tout est trop petit pour tout le monde.

25 pluviôse (4 février 1801.)

Madame Bonaparte a pris un jardinier anglais qui, comme tous les artistes de ce genre, trouve que la plantation que nous faisons est manquée. Un tulipier qui a été donné par un moderne propriétaire du château des jardins de Bellevue, a été apporté à grands frais et planté sur la pelouse en face du château.

Dans leur *Recueil de Décorations intérieures*, ouvrage orné de superbes planches, Percier et Fontaine rendent compte de l'exécution qu'ils accomplirent de la Bibliothèque et de la salle du Conseil.

« La disposition qui avait été choisie pour faire cette bibliothèque a nécessité sa division en trois parties et a motivé l'ordonnance des colonnes doriques à jour qui supportent des arcs formant pignons. Au milieu des deux portions de cercle qui terminent la pile, au levant et au couchant, on trouve d'un côté une porte-croisée ayant son issue sur l'avenue du jardin et de l'autre une cheminée avec une glace sans tain donnant sur la campagne. Le sujet principal du salon représente Apollon et Minerve. Les têtes offrent les portraits des plus célèbres auteurs anciens et les noms de ceux dont les ouvrages servent de modèles, remplissent avec des entourages de lauriers les autres parties des voûtes ».

Dans ce *Recueil*, nous trouvons le dessin d'un pot exécuté en orfèvrerie pour la vaisselle de l'impératrice.

« Il a été remarqué dans l'une des expositions publiques des produits de l'industrie française, tant à cause de la perfection de la ciselure que de l'art avec lequel la monture des pièces qui la composent a été établie ».

Voici la vue et les détails exécutés à la Malmaison en une seule planche gravée et les explications qui suivent (Recueil de décorations, pl. 55) :

« Le Premier Consul avait demandé une salle de conseil. Il fallait que la disposition et la décoration en fut achevée en dix jours de travail, parce qu'on ne voulait pas interrompre les fréquents voyages qu'il avait coutume à faire ; en conséquence, il parut convenable d'adopter pour ce sujet la forme d'une tente soutenue par des piques, des faisceaux et des enseignes, entre lesquels sont suspendus des groupes d'armes qui rappellent celles des peuples guerriers les plus célèbres du globe ».

Plus haut, nous trouvons la frise de la chambre de l'Impératrice (Pl. 52), avec des théories d'amours jouant de divers instruments, et de divers petits meubles exécutés pour elle : lampe antique avec sphinx, métier à broder avec l'effigie de la sage Minerve, seau à laver avec chevaux marins et trident de Neptume, cassolette à parfums avec médaillons sur les parois inférieures et le cygne de Léda sur le récipient supérieur ; une boîte de toilette avec l'image de Vénus et l'Amour.

IV

Mais le quart d'heure de Rabelais ne devait pas être des plus agréables pour l'exécuteur des volontés des deux augustes époux. Dans la chronique de Fontaine nous en retrouvons le lamentable écho :

7 prairial (27 mai 1801.)

Premier Compte rendu des travaux de Malmaison.

Les acomptes donnés jusqu'ici sur les travaux de Malmaison ont été accordés sans compte rendu ; ils ont été payés par les mains de M. Bourrienne et par celles de M. Fister, intendants. Les dépenses se sont succédé, et déjà elles dépassent la somme de six cent mille francs ; nous prévoyons qu'elles iront au double, que l'on n'aura pour cette somme qu'une mauvaise maison étagée et légèrement établie. Enfin nous nous déterminons à prier M. le Secrétaire Bourrienne, de mettre sous les yeux du Premier Consul l'état des dépenses faites jusqu'à ce jour. Jamais embarras n'a été et ne sera plus grand que le mien, lorsque, cet état en mains, le Premier Consul m'a demandé en quoi et comment une somme aussi énorme avait pu être dépensée.

Et Fontaine ne trouve à répondre que cette excuse assurément péremptoire : « Je vous avais prévenu, général, avant de commencer, et après cela, je devais obéir. »

Cependant la Malmaison devient insuffisante pour les fêtes et les réunions. Pour les grands repas, il faut des tentes de cinquante pieds de large sur la pelouse. Le général Berthier engage vivement Bonaparte à prendre Saint-Cloud pour résidence d'été. Avec vingt-cinq mille francs, le château peut être rendu habitable. Joséphine voudrait que l'on restât à la Malmaison qu'elle préfère à tout autre lieu du monde.

Le 20 fructidor an IX, (7 sept. 1801), Percier et Fontaine reçoivent l'ordre de restaurer le château de Saint-Cloud, et cela dissipe leurs craintes; car ils croyaient être en disgrâce, le Premier Consul ayant blâmé leurs derniers ouvrages. Ils se mirent à l'œuvre avec une ardeur nouvelle, tant à Saint-Cloud qu'à la Malmaison, où, malgré les critiques de M. Morel, ils commencèrent l'exécution d'un projet de jardin botanique avec serres chaudes et froides, ménageries, volières, d'après les indications de Madame qui veut sans mesures et sans bornes, y voir rassemblées toutes les richesses que les arts peuvent produire. »

Dès le 24 septembre 1802, le Premier Consul alla se fixer à Saint-Cloud où tout est prêt pour le recevoir. Mais ce qui lui plaît le plus dans cette nouvelle résidence c'est la proximité de la Malmaison où, par le nouveau chemin, il peut se rendre en un quart d'heure au galop de son cheval pour y rejoindre Joséphine qui y vivra tous les instants qu'elle pourra dérober aux soucis de sa grandeur croissante.

D'accord avec son mari, elle continuera d'accumuler dans cet Eden de sa prédilection toutes les merveilles qu'elle pourra imaginer.

Percier et Fontaine y construiront encore un théâtre, bâti en planches, pour le prix de 30.000 fr., sur lequel Hortense, future reine de Hollande, obtiendra de vrais succès d'actrice avec Bourrienne comme protagoniste, ainsi que Lauriston, Eugène Didelot, Isabey, Junot, Louis et Gérôme, du côté des hommes; mesdames Murat, Junot, Savary, Ney et Lavalette. On y jouait souvent *Esther*, le *Barbier de Séville*, le *Dépit amoureux*, etc. Talma et Michot dirigeaient les répétitions. Bonaparte prenait le plus grand plaisir de voir jouer des personnes de son entourage. C'est lui qui fournissait le matériel et les costumes, qui louait et gourmandait à l'occasion ces acteurs volontaires.

Le Premier Consul, tout en partageant l'amour de Joséphine pour la résidence qui fut comme le berceau de sa grandeur, voulut, dès 1801, régler les dépenses et endiguer les prodigalités qui lui semblaient avoir été commises jusque là. Là, comme ailleurs, il déploya son merveilleux talent d'organisateur prévoyant qui sut mettre de l'ordre dans tout ce qu'il se plaisait à entreprendre.

Tous ses budgets furent à peu près scrupuleusement exécutés, sauf parfois quelques fantaisies de Joséphine qui s'arrangeait pour les faire solder à part.

Nous croyons devoir citer quelques états de dépenses; car à travers cette nomenclature aride, l'on suivra mieux la marche des travaux et des améliorations dans ce lieu de prédilection qui abrita un des plus fiers génies de tous les temps et celle qui fut sa fidèle Egérie. On peut dire qu'en telle matière les chiffres ont leur éloquence et aussi leur saveur.

Nous commençons par donner l'état des dépenses de l'an XIII (1804). Pour les budgets suivants, nous ne donnerons pas l'état des dépenses ordinaires qui se répètent tous les ans à peu de chose près.

Nous ferons simplement remarquer que par déférence pour les idées d'ordre et d'économie dont fut toujours imbu le Premier Consul et l'Empereur, ces états se soldent toujours par un excédent sur les prévisions du budget... Il est vrai que ce fut souvent par suite de suppression ou de mutation dans les dépenses (1).

1. Archives Nationales, O[1] 1207.

Etat Général des Dépenses faites pour le Domaine de Malmaison sur l'exercice an XIII (1804).

Dépenses Ordinaires

Personnel. — Personnel de la Malmaison.		21.696 25
— du Pavillon du Butard.		700 »
Matériel. — Menues dépenses du service intérieur.		1.427 36
Mobilier. — Placement et déplacement des tapis.		600 »
Bâtiments. — Loyer de bâtiments.		1.000 55
Entretien du Château.		8.448 71
Parcs et Jardins. — Gazons, avenues, arrosage et labour des arbres.		2.047 19
Pépinières et dépenses quelconques d'entretien et autres.		6.430 40
Ménagerie et entretien des Cygnes et des oiseaux de toute espèce.		4.838 26
Service Intérieur. — Blanchissage.		1.135 57
Eclairage et Chauffage.		4.558 06
Ecuries. — Nourriture et entretien.		1.373 22
— Mise en état des voitures.		5.784 83
Impositions.		10.326 56
Fonds communs pour subvenir aux dépenses non prévues.		4.362 53
Dépenses faites par le Sr Deblée pour Malmaison.		2.728 06
Oiseaux empaillés fournis par le Jardin des Plantes.		1.828 »
		79.285 55
Prévu par budget (direct).	80.880 85	
Excédent.	1.515 30	

Dépenses Extraordinaires

Nouveaux Travaux

Bergerie.	22.742 76
Parcs et Jardins. — Plantation d'arbres.	19.996 42
— Réunion de l'ancien parc de la portion du potager voisin du château.	1.000 »
— Mur et fossé de clôture pour le parc où est la serre.	28.954 23
— Terres, défrichement, ensemencement et autres frais d'exploitation.	13.107 47
— Grande serre chaude à terminer, Construction d'une serre froide.	49.987 99
— Fermeture du Parc (prévu 30.000).	» »
— Construction d'une écurie (prévu 20.000).	» »
— Chemin de Malmaison à Butard.	11.860 47
— Indemnité à accorder à divers propriétaires (5.000 prévus).	» »
— Acquisition de 20 arpens de terre dans la vallée de Bois Hudrey.	35.874 65
— Réparations aux conduites des eaux.	2.845 »
Total.	186.368 99

Récapitulation

Dépenses Ordinaires.	79.285 55
— Extraordinaires.	186.368 99
	265.654 54
Prévu par le budget.	330.909 17
Excédent des Crédits.	65.254 63

Excédent des Crédits annulés par décret du 30 septembre 1907.

Etat des Dépenses de l'an 1806

Dépenses Ordinaires prévues au budget.	93.636 50
— Extraordinaires —	100.000 »
	193.636 50
Dépenses ordinaires effectuées.	92.088 39
— Extraordinaires d°.	100.000 »
	192.088 39

Nouveaux Travaux

Réparations au Domaine de Buzenval.	7.875 »
Store à la grande serre.	3.000 »
Gazonnage dans le parc (10.000 prévus).	» »
Plantation d'arbres.	32.263 »
Ferrage du Chemin de Malmaison à Butard.	2.100 »
Réparations générales de toutes les allées.	3.497 »
Achèvement des murs sur le grand chemin et leur couverture de dalles. . . .	16.614 »
Construction de la nouvelle Bergerie.	24.150 »
Fouilles des Rivières et du Lac.	10.500 »
	100.000 »

Etat Général des Dépenses 1807

Ordinaires. — 66.031 70, avec 3.968 fr. 30 d'excédent sur le budget prévu.

Dépenses Extraordinaires

Travaux Nouveaux

Achats d'arbres.	7.738 »
Ferrage du chemin de Malmaison au pont Bachelier.	2.469 93
Réparations de toutes les toitures de Buzenval.	6.400 50
Mouvement de terre à terminer et ferrer les nouvelles allées du Parc.	13.360 »
Acquisitions de rochers.	3.276 »
Transport de rochers à Malmaison.	3.150 »
Construction du pont de rochers et de 4 cascades.	12.600 »
Construction d'un pont de pierre.	6.300 »
Revêtement en glaise des parois des rivières et du Lac.	42.000 »
Fouilles des Rivières et du Lac.	2.205 »
	99.999 43

Excédent : 57 centimes sur le Crédit de 100.000 fr. accordé

Excédent Général.	3.968 30
	0 57
	3.968 87

Etat des Dépenses (Malmaison 1808)

Dépenses ordinaires. — 78.801 31 avec un excédent de crédit de 25.339 99.
Le budget prévoyait 103.541 fr. 30.

DÉPENSES EXTRAORDINAIRES

Travaux Nouveaux

Construction de trois ponts en bois sur la nouvelle rivière du Lac.	6.000 »
— d'un pont en maçonnerie dans la vallée de St Cucupha.	2.000 »
— avec revêtement en marbre de 2 socles et de 2 piedestal pour vases. .	2.400 »
Frais de dépose, transport et repose d'un temple en marbre.	6.000 »
Construction d'une fontaine.	2.100 »
Mouvement de terre pour formation des pelouses.	11 200 »
Salon de la Grande Serre.	6.000 »
Nouvelle Galerie.	63.046 »
Revêtement en glaise du reste des Rivières.	30.000 »
Travaux de terrasse pour règlement du reste des pelouses.	20.000 »
Gazons, achats de semence, travaux préparatoires des semis.	16.000 »
Construction de trois cascades en rochers sur la Rivière du côté de la Serre. . . .	4.300 »
Travaux relatifs à la réunion des Sources de la Jonchère, Saint-Cucupha et côteaux environnants pour être conduits à la Malmaison.	23.999 94*
	193.045 94

* Economisant 06 centimes sur le crédit accordé 24.000 fr.

N. B. — Procès-verbal de vérification de M. Fain du 8 septembre 1810. Décompte de 571.41 qui doit être remis à M. le Comte de Monlivaud, Intendant de S. M. l'Impératrice Joséphine.

Signé : BARON FAIN, architecte de S. M. l'E.

Etat Général des Dépenses de Malmaison en 1809

Dépenses ordinaires : Budget.	65.237 »
— — Payé.	60.953 »
Excédent des Crédits.	4.283 38

DÉPENSES EXTRAORDINAIRES

Achats d'arbres pour épaissir les massifs, ceux qui restent à faire. — Travaux de terrasse pour les plantations.	9.925 74
Travaux du Salon de la Serre en réparation, transport de rochers et peinture des bâteaux.	1.074 26
Embellissement général de la partie haute du parc. — Réparation des Allées. — Travaux de terrasse pour adoucir les pentes. — Labour de la superficie d'une partie du terrain sous bois pour le semer en gazon, achat de graines, etc.	25.803 80
Construction des bâteaux.	2.107 20
Conduites de plomb des eaux prises à la source de la montagne près la Jonchère pour alimenter les bassins de la Serre et le jet d'eau perpétuel.	12.088 10
Plantations et travaux de terrasse sur le chemin du pont de l'étang de Saint-Cucuphat, achats d'arbres, disposition des terres et leur plantation sur le coteau et dans la vallée.	11.520 20
Divers travaux de la Serre et du Salon de la Serre, du temple de l'Amour, de la Galerie du parc et la Fontaine.	18.473 85
Continuation de la recherche des sources, pievrier et cassier dans les bois, construction de regards et de conduites en fonte ou en plomb pour amener les eaux à l'étang de Saint-Cucupha et de là dans les rivières du Parc.	25.999 84
A reporter.	

Report.	
Construction de deux ponts en maçonnerie sur le ruisseau qui traverse le chemin de la Vallée.	4.000 »
Divers travaux exécutés en 1808 au Domaine de Malmaison.	27.999 66
Objets divers.	10.985 93
Mobibier de la Nouvelle Galerie.	19.441 87
	239.374 07

Budget :	245.237 »
Excédent :	5.862 93

Etat des Dépenses fait à Paris le 20 novembre 1810

Fonds accordés.	28.156 80	Pas de dépenses extraordinaires.
Sommes payées au 1er janvier 1810.	26.796 12	
Excédent.	1.360 68	
Annulé par décret du 20 novembre 1810.		

Le divorce est prononcé. Les Crédits diminuent avant de s'éteindre complètement, puisque le Douaire de Joséphine est constitué. C'est sur la rente de trois millions qu'elle devra continuer à entretenir et renouveler les merveilles des parcs et jardins de la Malmaison. Et certes, ce sera, pour l'Empereur une dure obligation de ne plus s'occuper de ce lieu de délices, au sujet duquel il signait des décrets même sur le champ de bataille, ainsi qu'en témoigne la pièce suivante :

Maison de l'Empereur

Au quartier genéral impérial à Preupisch Eylau le 12 février 1807

Napoléon, Empereur des Français, roi d'Italie,

Nous avons décrété et décrétons ce qui suit :

Art. 1er. — Le budget spécial des dépenses du Domaine de la Malmaison que nous avons arrêté le 30 Avril 1806 est provisoirement prorogé pour l'exercice 1807.

Art. 2. — Le Trésorier général de notre Couronne est chargé de l'exécution du présent décret.

Napoléon.

Voici, pour compléter l'état des dépenses ordinaires la liste du Personnel de la Malmaison, avec les appointements afférents à chaque fonction :

1809

« M. Lelieux, faisant fonction d'intendant.	2.000 »
« Garde général.	2.400 »
« Concierge.	1.200 »
« Une lingère.	800 »
« Un frotteur.	720 »
« Une fille du Château.	500 »
« 3 Portiers : 1 à 800 et 2 à 600.	2.000 »
« Un ratier.	300 »
« Un jardinier en chef à 1.200 et 4 gardes à 900.	4.800 »

Un berger à 1.000 fr. et deux autres à 500.	2.000 »
« Un vigneron.	900 »
« Un laboureur.	720 »
« 2 Gardes du bois à 800 fr. l'un.	1.600 »
« Habillement. — 3 Portiers à 150 fr. l'un.	450 »
— 2 Gardes du bois à 200 fr. l'un, y compris les bandouillères. . .	400 »

Augmentations proposées par M. Lelieux non comprises dans les sommes ci-dessus :
1.200 fr. aux gages des concierges.
2.000 fr. id. des portiers. On les porte à 1.000 fr. chacun pour qu'ils ne vendent pas de vin.
700 fr. à un aide berger de plus nécessité par l'augmentation du troupeau.
280 fr. au laboureur porté à 720.
300 fr. habillement des 4 portiers et du garçon frotteur du Château.

Cependant, même le divorce étant prononcé, Napoléon ne peut se désintéresser du sort de la Malmaison, pas plus que de celui de Joséphine qu'il ira visiter parfois et à laquelle il écrira souvent.

Officiellement il décrétera des mesures susceptibles d'enrayer la prodigalité de Joséphine ou plutôt les tentatives d'exploitation dont elle pourra être l'objet. Il nommera des censeurs et des intendants.

PIÈCE UNIQUE

Expédition du 30 mars 1810, au trésorier général de la Couronne et à M. Fain

Napoléon, empereur des Français, roi d'Italie, protecteur de la Confédération du Rhin, etc., etc., etc.

Avons décrété et décrétons ce qui suit :

Art. 1er. — Les pièces justificatives des dépenses payées par notre Trésor pour Malmaison jusque et y compris l'exercice de l'an 1809, seront examinées et vérifiées par..... (biffé de la main de l'empereur et remplacé par *le sieur Fain, architecte de notre cabinet.*)

Article 2. — Elles ne seront reconnues valables, suffisantes et régulières que lorsqu'elles seront dûment quittancées des parties prenantes ; qu'elles feront connaître la dépense, que le chef de service ou l'intendant de ce domaine les aura arrêtées, qu'elles auront été payées sur les crédits destinés aux dépenses qu'elles concernent, qu'elles n'outrepasseront pas les dits crédits, et que notre trésorier en aura autorisé le payement.

Art 3. — Il sera dressé de ces pièces par le sieur Fain (Renvoi de la main de l'empereur) un procès-verbal dans lequel il distinguera celles qu'il aura reconnues valables, suffisantes et régulières de celles qui ne le seront pas et en faisant part des motifs qui l'auront porté à ne pas comprendre ces dernières avec les autres. Ces pièces seront énoncées dans ce procès-verbal par crédit et par fonds, suivant l'ordre d'après lequel elles auront été présentées dans les comptes d'année de notre trésorier général.

Art. 4. — Le trésorier général ne pourra décharger les payeurs du Trésor qui auront payé et fourni les pièces justificatives des dépenses que jusqu'à concurrence de celles qui auront été trouvées valables, suffisantes et régulières. Les autres resteront pour le compte des payeurs jusqu'à ce qu'ils aient rempli les formalités dont elles manqueront. Lorsque ces formalités auront été remplies, *notre grand maréchal* (biffé de la main de l'empereur et remplacé par *le sieur Fain*) sur l'avis que notre trésorier général lui en donnera, en fera une nouvelle vérification et si elles sont alors reconnues valables, suffisantes et régulières, il le déclarera au bas du procès-verbal et le Trésorier général en déchargera les payeurs du Trésor.

Art. 5. — Les pièces justificatives des dépenses du domaine de Malmaison seront ensuite remises par notre trésorier général à l'intendant général actuel de la maison de l'impératrice Joséphine qui en fournira récépissé à notre trésorier général et qui en fera l'usage auquel elles devront servir.

Art. 6. — ***Notre grand maréchal*** (biffé par l'empereur et remplacé par ***le sieur Fain***) et notre trésorier général sont chargés chacun en ce qui le concerne, de l'exécution du présent décret.

NAPOLÉON.

Suit la lettre du trésorier général de la Couronne expédiant le décret au duc de Bassano, (Voir p. [Original].) ministre, secrétaire d'Etat, et le priant de vouloir bien lui en envoyer une expédition officielle après avoir fait les corrections que nécessite le changement que Sa Majesté y a fait en substituant le nom de M. Fain à celui du Grand Maréchal du Palais, moyen plus pratique et moins solennel pour en arriver à ses fins.

Déjà le 14 février 1809, Napoléon nourrissait cette idée de tutelle.

Il décrète qu'il y aura un intendant pour le domaine de la Malmaison qui sera chargé de toutes les parties de l'Administration de ce domaine et d'y mettre toute l'économie dont elles sont susceptibles.

M. Bonpland est nommé intendant du domaine de Malmaison.

Art. 2. — Il est accordé pour l'année 1809 un fonds de 245.237 francs qui sera employé d'après les états arrêtés par l'intendant, appuyés de toutes les pièces justificatives que notre trésorier général jugera nécessaires :

Aux dépenses ordinaires.	francs.	65.237
— — extraordinaires.		160.000
Pour meubler la nouvelle galerie.		20.000
		245.237

Ce fonds ne pourra, dans aucun cas, être appliqué qu'aux objets auxquels il est destiné par le budget que nous avons arrêté.

Art. 3. — Le budget de 1810 sera réglé de manière à ce que les dépenses ordinaires et extraordinaires ne puissent dépasser les revenus du domaine et qu'à partir de la dite époque les produits du domaine puissent suffire à toutes les dépenses. L'intendant et l'architecte sont responsables de cette disposition.

Comme corollaire de cette décision, Napoléon faisait dresser par le comte Estève, Trésorier général de la Couronne des Budgets et Produits du Domaine.

Nous citerons ceux de 1808 et 1809.

		1808	1809
Malmaison.	Produits des terres labourables. . . .	Mémoire.	Mémoire.
	Ventes de moutons et de laine. . . .	16 000	16.000
	Partage.	Mémoire.	Mémoire.
	Fleur d'orange.	800	800
Buzenval. .	Fermage des terres	18.500	18.500
Butard . .	Coupes de bois	63.000	95.000
		98.300	130.300

Enfin, comme conclusion de cette longue série de chiffres, nous devons donner le tableau suivant. Il est du 7 septembre 1810.

Le baron Fain archiviste du Cabinet de S. M. investi de la vérification des Comptes de la Malmaison, y résume ainsi les dépenses :

EXERCICES	DÉPENSES		OBSERVATIONS
	ORDINAIRES	extraordinaires	
An 10 (1801)..	»	260.000 »	
An 11 (1802)..	34.758 73	»	(a). Déduction faite de 1.309 fr. 40 pour dépenses de la maison de la rue de la Victoire.
An 12 (1803)..	11.990 20	352.511[a] 15	
An 13 (1804)..	79.285[b] 55	186.368 99	(b). Déduction faite de 554 fr. 30 pour dépenses de la maison de la rue de la Victoire.
An 14 (1805)..	26.796 12	»	
An 1806......	92.088 39	100.000 »	
An 1807......	66.031 70	99.999 43	
An 1808......	78.201[c] 31	193.045 94	(c). Y compris 61 fr. 55 qui restaient à solder.
An 1809.....	60.159[d] 62	178.420 45	(d). Non compris 704 fr. qui restent à solder.
	449.311[f] 62	1.370.385[f] 96	

Avec les 600.000 fr. de réparations qui furent exécutées avant 1801 par MM. Percier et Fontaine et dont le règlement provoqua quelque orage, nous arrivons à un total de 2.419.695 fr. de dépenses officiellement constatées. Assurément nous ne dépasserions pas de beaucoup trois millions en comprenant les achats et les fantaisies de Joséphine. Cela n'a certes rien d'exagéré, étant donné le lustre et l'éclat de cette résidence où s'abrita la gloire et la puissance de la France.

V

Le résultat obtenu par ces dépenses successives durant une période de dix années à peine, n'en déplaise à M. Fontaine, qui eut voulu disposer un décor beaucoup plus fastueux pour les illustres personnages qui s'y mouvaient journellement, était cependant merveilleux.

S'il faut en croire le Comte Alexandre de la Borde dans sa Description des Nouveaux jardins de France et de ses Anciens Châteaux, Paris 1808, l'ensemble de la propriété était des plus magnifiques.

L'Impératrice avait dirigé les embellissements de façon à profiter des beautés naturelles qui abondaient en ce site charmant. On avait réuni au parc toute la plaine qui le séparait de la route à droite, la Côte d'Or, belle colline qui le bornait au couchant et le bois de Saint-Cucupha à gauche. Cet ensemble formait deux vallées dont on avait tiré tout le parti possible sans grandes dépenses, car ces sinuosités du terrain étaient si belles qu'on n'avait eu qu'à les aménager de bosquets, de plantations, de pelouses, de rochers et de fabriques élégantes.

De tous côtés dans le bois et l'étang de Saint-Cucupha sont captées des sources qui viennent augmenter le volume de la petite rivière, chantée par Delille, qui descend en bouillonnant les cascades qu'on lui a artistement ménagé. En face du château, les sources sortent d'un rocher, dominé par le temple de l'Amour, composé de colonnes de marbre brun qui rappelle par sa structure le joli temple de Clitummus au pied duquel sortent les eaux du fleuve qui baigne la campagne de l'Ombrie.

M. Alexandre Lenoir, qui participa aussi aux travaux de la Malmaison, bien qu'il s'occupât plutôt des collections comme conservateur des antiquités nous décrit ainsi ce temple et d'autres curiosités du parc :

Je fis construire un temple dans le goût antique dont le porche était orné de huit colonnes ioniques de marbre rouge, de huit pieds de haut, provenant du musée des Petits-Augustins. Je procurai aussi un Saint François en habit de capucin, par Germain Pilon, pour être placé dans une grotte, ainsi qu'un bas-relief funéraire sculpté en marbre, par Girardon, afin qu'il y eut dans le parc un tombeau, suivant l'ordonnance d'un jardin anglais. Ce n'est pas tout, une grande pièce d'eau, dessinée en forme de miroir, était au sommet d'une colline à la gauche du parc. Je l'ornai de deux colonnes rostrales de 14 pieds, sculptées en marbre sarancolin, provenant du château de Richelieu en Poitou ; au centre, je plaçai une statue colossale de Neptune, par Puget, achetée à la vente de l'amateur Donjeux.

M. Lenoir fit encore venir de Metz la façade d'une chapelle gothique sculptée à jour.

Mais, Joséphine, par un scrupule religieux ou de goût, ne voulut pas que ce vénérable débris de l'art chrétien du moyen âge figurât à côté des œuvres inspirées par l'antiquité païenne. Une idée plus heureuse de M. Lenoir fut de placer à la porte du château donnant sur le parc deux obélisques de 14 pieds, en marbre rouge de Givet, supportés par quatre boulets de canon et ornés d'hiéroglyphes dorés, qui provenaient du château de Richelieu, où ils furent vendus avec d'autres antiquités par M. Bontron, qui en était alors propriétaire. Ce fut pour Bonaparte, retour d'Egypte, comme un gracieux symbole à ses victoires en Orient.

Le paysage alentour devait aussi lui rappeler ses exploits d'Italie et la campagne romaine avec ses belles collines verdoyantes et l'aqueduc de Marly, bornant l'horizon. A droite l'on aperçoit le pont de Chatou. Une longue allée de marronniers suit la futaie et ombrage un ruisseau qui roule en ligne droite et vient d'un réservoir régulièrement tracé entouré de platanes, de peupliers et de saules pleureurs. Ce lieu ressemblait à une nymphée des anciens.

Le chemin se continue entre deux collines verdoyantes jusqu'à l'étang de Saint-Cucuphat. On découvre à droite la bergerie et, au milieu des bois, la vacherie avec ses bâtiments en forme de châlets, où une famille suisse soigne les troupeaux.

Dans ce parc quantité d'animaux exotiques errent en liberté et à demi apprivoisés : gazelles, antilopes, mouflons, lamas... ; sur la colline paissent des troupeaux de moutons espagnols. Dans les pièces d'eau et rivières des canards, des ibis, des cygnes, dont deux noirs de la Nouvelle Zélande, dignes pendants du merle-blanc, aussi rares qu'une femme sage, a dit Juvénal :

Rara avis in terris, nigroque similliena cygno

A l'entrée, sur la route de St-Germain, se trouvaient deux pavillons d'ordre Dorique, *garden gates*, qui servaient de corps de garde. De là, partait une longue allée bordée de caisses d'oranger achetés par M. Fontaine à M. Patrat, un ancien minime qui les avait à sa maison de Suresnes. Elle aboutissait au château dont la façade rigide, sans autre ornement que ses statues sur les pieds droits de soutènement garde l'aspect sévère d'une caserne. En avant de la porte d'entrée, un porche en forme de tente soutenue par des briques qui, selon l'expression du premier Consul, ressemble assez à une cage placée en avant de la porte. Le vestibule est mieux compris avec son pavé de mosaïque blanche et noire et ses quatre colonnes de stuc. Cette sorte d'atrium s'ouvrait aussi sur la pelouse et la perspective du parc. A droite, la salle de billard avec ses portraits de cheiks barbus, souvenir d'Egypte, puis le salon et la galerie ou salle de musique qui retentissait de la voix chaude et bien timbrée d'Hortense. Cette pièce servait d'antichambre à la grande galerie, bâtie légèrement et aujourd'hui disparue, qui contenait la majeure partie des riches collections antiques et des tableaux de Joséphine.

On y remarquait une collection de vases grecs et une suite de bronzes antiques, provenant des fouilles faites à Herculanum et à Pompéi.

Il y avait encore dix tableaux grecs peints sur un enduit de ciment et de stuc, représentant les neuf muses et Apollon Musagète. Ces objets d'art sont au musée du Louvre. La galerie renfermait aussi toute une collection de tableaux, 320 numéros environ, dont le catalogue fut publié par Didot jeune, 1811, et dont le conservateur était M. Constantin. L'Empereur de Russie en a acheté pour 800.000 fr. La fine fleur qui orne maintenant le palais de l'Ermitage, notamment les spécimens de l'école flamande et hollandaise, les Paul Potter, les Claude, les Berghem, le *Pâris* et la danseuse de Canova, (marbres), les David Thénier, des Ruysdaël, des Van Dyck, des Van Ostade, des Jordaens, des Albert Durer, des Carle Vanloo, un Rembrandt, un Nattier, etc... Il y avait encore des primitifs de l'école Italienne, des Raphaël, des Claude Gelée, des Philippe de Champagne, des Carrache, des François Albane, des Murillo, des André del Sarte, quatre Léonard de Vinci, des Pérugin, des Titien, des Paul Veronèse ; puis toute une suite d'auteurs modernes : Prichard Fleuri, Van Ost, Cesar Vanloo, Regnault, Taunay, Vigo, Vandaël, Redouté (tableaux de fleurs de la Malmaison), Isabey, Denon, Desfontaines ; des émaux, porcelaines, miniatures et dessins.

Le théâtre, dont nous avons aussi parlé, communiquait avec la grande galerie par un couloir couvert de coutil. De ce côté avait été aussi aménagée une chapelle où l'on disait la messe. Napoléon avait acheté pour l'autel un magnifique bas-relief en bronze doré qui avait coûté 15.000 fr. et dont M. Haguernon, l'acquéreur de la Malmaison, fit don à l'église de Rueil en 1837.

A gauche du vestibule, on entre dans la salle à manger, qui fut construite à la place d'un salon plus petit et de la chambre de Bonaparte. Puis l'on passe dans la chambre du Conseil plus haut décrite par Fontaine ainsi que la bibliothèque qui, par un pont jeté sur le fossé qui entoure le château du côté des jardins, communique avec le dehors. Par là, Napoléon pouvait gagner son jardin particulier et la longue allée de tilleuls où il aimait à se livrer à des réflexions et à des conversations péripatéticiennes. A l'extrémité de cette allée, pour complaire à son époux, Joséphine fit construire en une nuit, dit-on, un petit pavillon où l'Empereur pouvait aller se reposer et travailler. Ce cabinet subsiste encore et a été réparé.

Au premier les appartements particuliers de Napoléon, d'Hortense et de Joséphine, dont la chambre octogonale drapée de tentures rouge et or, a vraiment un caractère majestueux ; au second, de nombreuses chambres pour les aides de camp, secrétaires et visiteurs.

Mais le séjour de prédilection de l'Impératrice était la serre, dont le seul défaut était d'être trop éloignée de l'habitation. Elle y cultivait les plantes les plus rares des tropiques. Un salon, décoré de peintures charmantes, était au centre et, par une large baie, permettait d'embrasser d'un coup d'œil toute cette flore exotique que Ventenat enregistrait et que peignait Redouté. Dans ses plates-bandes, Joséphine avait des jacinthes et des tulipes de Hollande de la plus grande beauté et c'était un chagrin pour elle quand l'Empereur l'appelait au loin au moment de la floraison de ses plantes.

Quant au mobilier qui garnissait le château, il dut tout d'abord être constitué avec ce qui garnissait fort richement, parait-il, d'après la lettre de Chamon plus haut citée, l'appartement de la rue Chantereine. Joséphine dut cependant en renouveler les diverses pièces suivant la mode du jour et sa propre fantaisie. Napoléon, de son côté, contribua pour sa part à ces détails d'aménagement, mais l'on ne trouve dans les papiers publics pas de traces des achats spécialement effectués pour la Malmaison, qui d'ailleurs ne fut jamais classée dans le Domaine de la Couronne, mais bien dans le Domaine privé. Il n'y a pas non plus d'inventaires généraux, ainsi qu'il en existe pour les châteaux impériaux dont le Garde-Meuble fournissait les garnitures.

Cependant dans les cartons ^{02}767, nous découvrons la pièce suivante :

Mémoire des ouvrages exécutés à Dijon par Dubois, M[tre] *serrurier, et placés dans un salon du palais de la Malmaison en l'an 8*[me] *par ordre de Sa Majesté l'Empereur et Roi : Savoir :*

Une foyère composée de ses chenets, pelle, pincettes, tenaille, badine et croissants.

Chaque chenet en forme de pyramide avec sa base ornée d'un pied d'ouche de 9 pouces de long, surmonté d'un rang de perles, garni d'une mosaïque, accompagnée de ses rosastres, rapportée sur un fond bleu et accompagnée de deux pommes de pin.

Les croissants sont aussi en mosaïque et le chiffre de Sa Majesté évidé à jour.

Le tout est en acier poli, se compose de onze cents pièces, pesant ensemble 55 kilos pour le prix et somme de quatre mille deux cents francs, cy. . . . . 4.200 » (biffé).
3.800 »

Cette foyère est placée au palais de la Malmaison dans un salon à la suite de la salle de billard.

Paris, le 14 sept. 1810.

J'approuve Dubois, chez M. Hontaride, M[tre] serrurier, Marché des Jacobins, à Paris.

Je certifie que la foyère, désignée au mémoire du sieur Dubois, est effectivement placée dans un salon des appartements du Palais de la Malmaison et porte l'inscription Dubois à Dijon, an 8me. A Malmaison ce 15 sept. 1810. Le concierge du Palais, signé : J. Vatte. Pour copie conforme, l'Administrateur du Mobilier Impérial, signé : Desmazis.

Vérifié le présent mémoire après examen du feu complet dit foyère, ouvrage de grande perfection dans toutes ses parties, prix fixé et réglé à la somme de trois mille huit cents francs. Ce, fait par nous vérificateur du mobilier impérial. A Paris, le 17 septembre 1810, signé : Sulleau. Pour copie conforme, l'Administrateur du Mobilier Impérial, Desmazis. L'Administrateur du Mobilier Impérial arrête le présent mémoire à la somme de trois mille huit cents francs. Paris, le 20 septembre 1810, Desmazis.

L'Administrateur du Mobilier Impérial arrête le précédent mémoire à la somme de trois mille huit cents francs dont il propose le paiement au profit du sieur Dubois, à prendre, d'après l'approbation de M. l'Intendant Général du 29 septembre dernier, sur le crédit de 100.000 fr. ouvert par le budget de 1809 pour fonds de réserve et paiement des dépenses prévues. Paris, le 1er octobre 1810.

Mobilier Impérial : Réserve, exercice an 1809, n° de l'état 634. Etat de proposition de la somme de quinze francs à payer par le Trésorier de la Couronne, an ci-après nommé, laquelle somme est à prendre dans celle accordée par S. M. l'Empereur, par le budget de l'an 1809 pour fonds de réserve. Objet des dépenses : voyage du 17 septembre dernier au château de la Malmaison, de M. Sulleau, vérificateur du Mobilier, à l'effet de vérifier le mémoire du sieur Dubois pour la fourniture d'une foyère par lui offerte *(sic)* à Sa Majesté. L'Administrateur du Mobilier Impérial arrête le présent état à la somme de quinze francs dont il propose le paiement au profit de M. Sulleau, à prendre d'après l'approbation de M. l'Intendant Général en date du 29 septembre dernier sur le crédit de 100.000 fr. ouvert au mobilier par le budget 1809 pour fonds de réserve, pour paiements de dépenses imprévues.

Paris, le 1er octobre 1810

Ce document est assez curieux, d'abord parce qu'il est unique, ensuite parce qu'il prouve que même après le divorce, Napoléon ne se désintéressa pas plus de Malmaison que de Joséphine.

Avant et après cette fatale date, la manufacture de Sèvres dut fournir quelques-uns de ses produits fameux, tels que : buste de l'Empereur, dont il fit de si nombreux cadeaux ; des vases cordelières fond lilas ou rose ; vases Médicis ; vases étrusques fond vert avec figures en forme de camée, et enfin la pièce capitale d'Isabey : La table des maréchaux dont le vaste plateau composé d'une série de portraits, entourant celui de l'Empereur dut être recommencé quatre fois par le peintre à cause des écussons mal réussis. La manufacture du Mont-Cenis, protégée spécialement par l'Impératrice, dut fournir ses magnifiques cristaux : lustres, services de dessert, aiguières et vases. L'ébéniste Jacob dut fournir de magnifiques meubles : fauteuils, chaises, tabourets, causeuses, crédences dans le style de l'époque, composite et barbare qui s'inspirait de l'art de Rome, de Pompéi, de la Grèce, de l'Egypte.

Nous en retrouverons quelques-uns dans la Malmaison reconstituée par M. Osiris, puis par les Beaux-Arts ; mais la plupart, comme la galerie des tableaux, ont été dispersés ou détruits à la suite de deux invasions et d'une série de ventes.

Mais ainsi, dans le premier décor prestigieux et bien personnel, de l'épopée Napoléonnienne, que de personnages illustres défilèrent ; que de scènes grandioses, magnifiques, enjouées, familières et parfois tragiques se succédèrent tour à tour !

A l'aube du Consulat, alors que les lauriers de Napoléon offraient toute la fraîcheur de la jeunesse, que de parties charmantes se déroulèrent sur la belle pelouse qui s'étendait devant le château ! Hortense et ses compagnes de Saint-Germain, à la pension de Mme Campan, venaient s'ébattre là en compagnie des aide-de-camp et officiers de Bonaparte qui devait leur trouver des maris à toutes. On jouait aux barres et le Premier Consul ne dédaignait pas de courir avec cette folle jeunesse au risque de compromettre sa dignité par des chutes que saluaient de joyeux rires.

Hortense, vive et agile, remportait le plus souvent la palme, de même qu'elle était l'étoile du théâtre de la Malmaison. Une idylle s'ébaucha avec Duroc. Mais Bonaparte ménageait de plus hautes destinées à sa fille adoptive, à laquelle il fit épouser son frère Louis, quand il l'eut fait proclamer roi de Hollande.

Plus tard tous ces jeux devinrent moins bruyants et plus graves. Le bal, la musique, le billard, les échecs, le reversé, le tric-trac et le théâtre succédèrent aux barres et aux sauteries sur la pelouse. Un cérémonial plus compliqué atténua sans le faire disparaître l'aimable sans-gêne du Consulat, quand le « Corse aux cheveux plats » fit place au « César aux cheveux ras ».

On vit le majestueux Rostan, son mameluck, présider au service avec le superbe costume d'apparat à la grecque que David avait dessiné et que Chevalier avait confectionné, et qui ne coûtait pas moins de 380 fr. La toque en velours cramoisi, bordée de voiles d'or, avec une aigrette, valait 312 fr. Les chambellans, les généraux et officiers paradaient en brillants uniformes au milieu des dames vêtues de tuniques, de robes et de peplums à la romaine, au milieu desquelles brillait Mme Tallien, née Cabarrus, qui avait sauvé Joséphine de l'échafaud et s'était sauvée elle-même en épousant le farouche

Conventionnel Comme ; sous le Directoire, elle se faisait remarquer par son insolente beauté et ses tapageuses toilettes. Mais tout lui était pardonné par sa bonne Joséphine, qui ne s'offusquait même pas de son flirt prolongé avec le Premier Consul, dont elle passa pour être la favorite. On remarquait encore pour leur beauté ou leur esprit : Mesdames Bacciochi et Leclerc, Caroline, mariée depuis 1800 à Murat, Désirée Calny, mariée au général Bernadotte ; Madame Lannes, née de Guéhenneuc ; Madame Junot, née de Permon ; Madame Duroc, née Hervas ; Madame Savary ; Mesdames Bessières, Lavalette, Lauriston, Mortier, Bourienne, Marmont, Charlotte Bonaparte, puis aussi Gabriëlli ; Madame Nie, née Auguies, nièce de Madame Campan : Sophie de Barbé-Marbois, duchesse de Plaisance. Du côté des hommes : Lucien, Louis, Jérôme, Lauriston, Isabey, Didelot, de Luçon, Cambacérès, Bourrienne, Bernardin de Saint-Pierre, Ducis, Legouvé, Collin d'Harleville, Volney, M. J. Chénier, Méhul, Talma, Arnauld, Némopucène Lemercier, les frères Duval, Picard, Andrieux, les officiers non retenus à l'armée. Parmi ces belles têtes martiales et rasées à la romaine, on distinguait Bessières, qui était resté fidèle à la queue et à la poudre. De même Lannes et Augereau gardaient leurs cheveux longs.

Au milieu des pompeux uniformes, Napoléon se promenait avec ses habits simples et sans broderies superflues. La plupart du temps, il portait le costume de chasseur de la Garde, qui, avec plaque et épaulettes, lui coûtait 330 fr. Les plaques étaient plus souvent renouvelées que l'habit, car il les donnait volontiers aux gens qu'il décorait. Cet habit était vert, avec retroussis et passe-poil de même couleur, culotte et veste de casimir blanc, qu'il changeait tous les jours. Il portait des bas blancs (18 fr., chez Panier) ; à l'intérieur, avec des souliers à boucle ovale ; au dehors il portait des bottes à revers, sur la tête, il avait toujours un légendaire chapeau à deux cornes, sans boutons ni galons, avec une simple cocarde tricolore ; son chapelier avait nom Poupart. Les chapeaux d'uniforme qu'il lui fournissait étaient désignés sous le nom de chapeaux français et coûtaient 48 fr. Napoléon faisait durer tous ces objets de toilette le plus longtemps possible et les faisait nettoyer et réparer, ainsi qu'en témoignent des factures de Debille (Archives Nationales o[2] 35) ; car il n'aimait pas à être gêné dans ses entournures par des habits neufs. Ses redingotes grises étaient payées 180 fr. chez le tailleur Chevalier. Toutes ces notes étaient vérifiées, contrôlées et rognées à l'occasion.

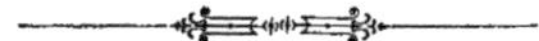

VI

Joséphine était la bonté même, mais son manque d'ordre était absolu. Cela lui valait des scènes épouvantables de son impérial époux qui la faisait pleurer. Mais la bonne créole oubliait vite la cruelle leçon et contractait de nouvelles dettes qu'elle n'avouait que par fractions. Elle achetait sans cesse, sans s'enquérir du prix et elle était assiégée par une foule de gens qui voulaient lui vendre quelque chose. Les fournisseurs se livraient à un véritable brigandage vis à vis d'elle, enflant leurs notes d'une façon exagérée, doublant les prix et portant ce qui n'avait pas été acheté. Mme de Rémusat raconte que l'Empereur n'eut pas voulu que les marchands fussent introduits auprès d'elle, mais elle en recevait toujours. « Elle changeait de linge trois fois par jour et ne portait que des bas neufs. »

L'Empereur n'avait pas moins pour elle une tendresse des plus vives. Il la combla toujours d'argent, d'honneurs et d'affection, même après le divorce, mais il éplucha et faisait éplucher les mémoires des modistes, lingères et tailleuses, qu'il réduisait de moitié, sans que toutefois ces trafiquants se plaignissent d'y perdre.

Mais il faut bien reconnaître que Joséphine fut toujours la bonne étoile de Napoléon, qu'elle avait voulu et qu'elle avait fait si grand, au risque de le perdre.

Les Contemporains, notamment l'indépendant Bouilly la traitent dithyrambiquement en déesse, lui prêtent « l'imposante dignité de Calypso et la grâce enchanteresse d'Eucharis ». Gohier l'appelait sa Diane Hébé. Son charme et sa bonté furent un palliatif puissant à ce qu'avait de despotique et d'égoïste le caractère du grand homme.

La gloire et le succès avaient ménagé à Bonaparte bien des concours et des dévouements, mais les qualités de cœur de Joséphine les conservèrent à Napoléon... Il en fut longtemps persuadé et, lorsqu'il oublia les services de Joséphine, ce fut l'origine de ses malheurs.

Mais le séjour des deux époux à la Malmaison fut pour eux une période de bonheur et de gloire à peu près sans mélange. Car le défaut d'ordre de Joséphine n'était qu'une peccadille pour son mari qui avait le plaisir et le pouvoir d'y remédier, et les vivacités de Napoléon étaient compensées par bien d'autres satisfactions qu'il procurait à sa tendre et fidèle compagne dont il savait apprécier la beauté, tout autant que les dons précieux de l'intelligence et du cœur.

A Malmaison, il s'efforçait d'être d'une bonhomie charmante, se montrait enjoué et affectueux avec sa femme, plein de bienveillance avec les Consuls et les Inventeurs. On eut dit qu'il voulait montrer par un délicat hommage la façon dont il profitait des leçons de Joséphine : « Je ne gagne que des batailles, Joséphine me gagne tous les cœurs. » Souvent cependant celle-ci avait tremblé en apprenant quelque complot imaginaire ou véritable contre la vie de son cher époux. Il se moquait de ses frayeurs qui cependant n'étaient pas toujours vaines.

Nous voyons notamment dans un résumé des divers complots tramés avant le 3 nivôse (Œuvres du comte Rœderer, tome 3, page 363). — « A l'époque du retour d'Italie, projet de le tuer avec une espingole sur le chemin de la Malmaison. »

Napoléon, Premier Consul, aimait beaucoup à priser. Et cette habitude aurait pu lui coûter la vie. Témoin cette anecdote rapportée par Constant en ses Mémoires.

Il venait d'acheter la Malmaison de M. Lecoulteux de Canteleu. La présence d'ouvriers nombreux pour diverses réparations et l'allure de quelques-uns qui, par leur tenue et leur langage, semblaient étrangers à leur profession fit naître des soupçons.

« En faisant une tournée d'examen, on trouva sur le bureau, devant lequel il avait l'habitude de s'asseoir, dans son cabinet de travail une tabatière en tout semblable à celle dont il se servait habituellement. On s'imagina d'abord que cette tabatière avait été oubliée ou posée là par un valet de chambre, mais les doutes, inspirés par la tournure équivoque de quelques-uns des faux marbriers, ayant pris plus de consistance, on fit faire l'analyse du tabac que contenait la tabatière. Il était empoisonné. »

Cela ne l'empêcha pas de priser sa vie durant et de faire une grande consommation de tabac et de tabatières, lesquelles lui étaient fournies par Marguerite ou Dany, ses joailliers habituels. Très volontiers il choisissait cet objet de prédilection pour l'offrir à ceux qu'il voulait honorer. Sur le couvercle se trouvait invariablement son portrait en miniature peint par Isabey ou tout autre peintre, ses fournisseurs habituels. La mode s'en mêla et l'on ne voyait guère de tabatières sans un portrait de l'Empereur. Sous la Restauration la tradition persista, seulement le portrait se trouvait dans un double fond...

Du reste Napoléon sut toujours soigner sa gloire et sa réclame par de géniales trouvailles. Il s'efforça toujours de ménager ses effets comme un acteur de grand talent qu'il était, ne dédaignant pas même d'en essayer l'influence sur de pauvres gens. Voici une anecdote à ce sujet que nous empruntons aux souvenirs de l'Empire du Comte Marco de Saint-Hilaire :

« N'étant encore que Premier Consul et se promenant un matin dans la délicieuse orangerie de la Malmaison, alors fort étroite, il aperçut un homme qu'on appelait le *père Olivier :* C'était un ancien jardinier du Petit-Trianon auquel Louis XV avait quelquefois adressé la parole dans ses jours de joyeuse humeur. Le père Olivier, fier de cette faveur insigne, le disait à qui voulait l'entendre. Napoléon, surpris de voir un vieillard travailler avec tant d'activité, quoiqu'il parut succomber sous le poids des ans, l'approcha et lui dit d'un ton plein d'intérêt :

— Que gagnez-vous par jour, mon brave ?

A ces mots, le vieux jardinier essaya de se redresser tout à fait, et, regardant Napoléon, qu'il n'avait jamais vu, lui répondit, en ôtant son bonnet. — Quarante-cinq sous par jour, Monsieur le Colonel. — Ce n'est pas trop ! Mais pourquoi ne vous vois-je pas habillé de la même façon que les autres ?

Les jardiniers de la Malmaison avaient alors une espèce d'uniforme composé d'un habit veste et d'un pantalon couleur gris de fer.

— Ma foi ! je ne sais pas, répondit le père Olivier ; il faut croire que M. Lucas (le jardinier en chef) met de côté l'argent de mon habit pour me faire des rentes après ma mort.

Ah ! vous croyez cela, continue Napoléon, en riant, en ce cas, voici 200 fr. pour vous payer de votre vivant le premier semestre arriéré de vos rentes. A l'avenir, vous recevrez tous les ans 400 fr. avec un habit pareil à celui des autres... C'est le Premier Consul qui m'a dit de vous donner cet argent : N'êtes-vous pas ici le doyen des jardiniers ?

— Bien sûr ! Ah ! le digne vainqueur d'Italie ! que je voudrais le voir un brin avant de mourir !...

— Bah ! vous l'avez peut-être vu sans vous douter que ce fût lui... Avez-vous été militaire ?

— Non, Monsieur le Colonel, parce que de mon temps, du temps du feu roi Louis XV, on ne se battait pas comme à présent.

— C'est juste, mais vous avez dû voir beaucoup de choses ?

— Oh ! oui. J'ai vu beaucoup de fois le roi avec Madame la comtesse Du Barry... Ils me parlaient comme je le fais avec vous, pour les avoir connus comme moi vous êtes trop jeune.

— J'en ai beaucoup entendu parler... Adieu, mon brave homme, au revoir.

— Bien des excuses, Monsieur le Colonel, et bien des remercîment au citoyen Premier Consul. C'est tout comme feu Sa Majesté Louis XV.

— Oui, à quelque différence près ! dit Napoléon en souriant.

Hélas ! le père Olivier ne jouit pas longtemps des bienfaits reçus. Car, en apprenant que c'était le Premier Consul en personne qui lui avait donné cet or, il éprouva un tel saisissement qu'il fut terrassé par une apoplexie foudroyante et mourut en s'écriant :

— Ah ! mon Dieu, c'était lui !...

D'autres fois, l'Empereur savait moins bien réprimer les écarts de son caractère altier. Nous en trouvons la preuve en ce récit où l'on pourra remarquer combien l'intervention et le tact de Joséphine venait s'exercer à propos :

A la Malmaison, l'étiquette était plutôt relâchée. Cependant Napoléon n'entendait pas trop raillerie à cet sujet. Bouilly, l'auteur dramatique, en sut quelque chose un jour qu'il vint trouver Joséphine pour lui communiquer une note historique dans une rare et vieille édition de Virgile. Au bas du passage où la Sibylle dit à Enée descendu aux Enfers, en indiquant un coupable.

« *Vendidit pic auro patriam dominumque potentens imposuit.* »

« Celui-ci vendit pour de l'or sa patrie à César et lui donna un maître puissant. »

La note dévoilait l'identité de cet habitant du Tartare : *Cureus tribunus.* Or, Bonaparte avait été proposé pour l'Empire par un nommé Curée, un membre absent du Tribunat.

La coïncidence était si bizarre que Bouilly désirait que l'Empereur en fut instruit par Joséphine.

Celle-ci, fort amusée, voulut faire un tour dans le parc en compagnie du spirituel Bouilly, et lui prit le bras sans façon, bien qu'il fut en chapeau rond et en simple frac. Joséphine lui fit admirer toutes merveilles de son séjour favori. « Je me rappelle surtout une admirable table de l'amour, placée au bas d'un buisson de myrte et portant sur son piédestal cette inscription : « Toujours ! » Mais ce qui me frappait le plus dans ces nouveaux jardins d'Armide, c'était la serre offrant la riche collection des plantes de toutes les parties du monde. Chacune d'elle recevait dans sa caisse le degré de chaleur qui lui était naturel ; et vous vous trouviez pour ainsi dire transporté dans les régions les plus dévorantes : ce qui vous faisait éprouver en sortant je ne sais quelle ivresse, lorsque vous respiriez l'air tempéré de la France. « C'est en vain, dis-je, à Joséphine, que vous me faites parcourir les climats les plus riches, les plus embaumés ; c'est toujours où réside Votre Majesté qu'est la région la plus heureuse. » Et Bouilly évoquait le souvenir des soirées littéraires chez Madame Bonaparte, rue Chantereine, où trônaient David, Jorard,

Méhul, Cherubini, Ducis, Lebrun, Pindare, Chénier, Arnaud, Le Gouvé, Desaugiers et tant d'autres.

Mais, vers cinq heures, l'enchantement est rompu. Rencontre fortuite de l'Empereur qui roule des yeux furibonds. Il se montre fort bourru avec l'audacieux mortel au chapeau rond, dont l'Impératrice s'obstine à retenir le bras.

Mais lorsque Joséphine eut entraîné l'Empereur dans la bibliothèque et lui eut exposé le curieux rapprochement, le front de César se rassérène et il fait à Bouilly le plus charmant accueil. Son visage se rembrunit de nouveau, quand l'homme de lettres désintéressé refuse des honneurs discrètement offerts. Et celui-ci se ravisa demanda un livret spécial : « De par Napoléon le Grand, défenses sont faites à tout parterre de la Capitale de siffler les pièces de Bouilly, lors même qu'elles ne sont pas bonnes. »

Napoléon s'esclaffa et empereur et auteurs se séparèrent les meilleurs amis du monde.

VII

UTOUR de la Malmaison, Joséphine répandit libéralement ses bienfaits. Si Napoléon aimait parfois à parcourir incognito les rues de Paris à la façon d'Haroun-al-Raschild, sous les habits d'un bon bourgeois, dont il jouait le rôle avec la gaucherie de bien des militaires en habit civil, l'impératrice partait souvent à l'aventure dans la campagne et trouvait toujours matière à exercer sa charité.

On rapporte l'histoire de cette émule de Parmentier auquel Bonaparte avait promis des subsides pour ses plantations de pommes de terre et ses féculeries, mais que Napoléon avait oublié. Joséphine arrive juste à point pour le tirer des griffes des huissiers et pour culbuter avec ses chevaux le plus acharné de ses créanciers.

Toute infortune avait droit à son assistance et plus d'une victime de la Révolution put trouver chez elle une aide aussi utile que discrète. Napoléon ne sut jamais le nom de certains de ses pensionnés auxquels elle croyait devoir une compensation puisque son époux occupait la place de celui qui leur aurait rendu leurs biens. Après le divorce, Joséphine passa cette liste secrète à Marie-Louise, qui eut le bon goût de continuer l'œuvre de celle qui l'avait précédée sur le trône.

Ce fut à la Malmaison, au lendemain du sacre, durant un dîner intime, que Napoléon, sur les instigations de Fouché et autres politiques qui devaient plus tard le trahir, fit part d'un projet déjà ébauché et qui flattait son orgueil et semblait devoir cimenter sa dynastie. Hortense avait perdu un premier enfant que l'empereur considérait comme son successeur. Il devait chercher une autre épouse qui lui donna l'héritier désiré. La scène fut navrante ; car Joséphine ne put supporter sans faiblir un coup pareil qui ruinait ses plus chères espérances. En vain la reine Hortense se traîna t-elle aux genoux de l'empereur en le suppliant d'épargner à sa mère une telle disgrâce ! Napoléon fut inflexible... Il avait décidé de sacrifier celle qui fut sa bonne étoile et il la sacrifia. Cette décision d'ailleurs ne lui porta pas chance, ni pour son bonheur domestique, ni pour sa gloire et sa puissance. Dès l'instant qu'il abandonna la bonne Joséphine, il connut les revers et surtout la trahison.

Le divorce était résolu dès 1809, cependant Napoléon, pour donner le change à l'opinion publique, voulut qu'une représentation théâtrale eut lieu à la Malmaison, pour fêter la présence du roi de Saxe. Dans cette demeure, qui devait être bientôt le refuge de Joséphine, les artistes de la Comédie-Française vinrent jouer deux charmantes pièces : La *Gageure imprévue* et la *Coquette corrigée*. Mlle Contat, bien que retirée du théâtre, y joua pour la dernière fois. Elle désirait remercier l'Impératrice de la bienveillance qu'elle lui avait toujours témoignée.

Ce ne fut pas d'ailleurs la seule réjouissance donnée en ce château qui en vit de si belles. Le 19 mars 1809, la fête de l'Impératrice fut célébrée d'une mémorable façon et nous croyons intéressant de donner la liste des dépenses et la note des frais que révèle le carton o² 203, pêle-mêle avec les mémoires relatifs au mariage avec Marie-Louise.

La fête donnée à la *Malmaison* le 19 mars 1809 à l'occasion de la fête de l'Impératrie et Reine a coûté 10.399 fr. 87, fonds pris sur les fonds généraux affectés dans le budget du premier mars 1807 aux dépenses des fêtes de la Maison de Sa Majesté (150.000 fr.)

Détail :

Joucher, maçon.	764 65
Bouillier, menuisier.	719 19
Ganneron, chandellier.	2.422 80
Ruggieri, artificier.	6.000 »
	9.904 64
Plus honoraire de M. Fontaine, architecte, à raison de 5 °/₀ des mémoires revisés.	495 23
	10.399 87

Etat du feu d'artifice qui doit être tiré au château de la Malmaison à l'occasion de la fête de S. M. l'Impératrice et Reine.

Ruggieri, artificier de S. M. Impériale et ordinaire de la Ville, de l'Artillerie et de la Marine.

Savoir :

« Annonce de 12 bombes noires dites annonces de 4 fr. pièce.	48 »
« 6 douzaines fusées d'annonce, divisées en 3 parties pour les entr'actes, à 72 fr. la douzaine.	432 »
« 12 bombes de 5 pouces pour accompagner les dites fuséex d'honneur à 6 fr.	72 »
1° Un effet de cascades tournantes accompagnées de chandelles romaines.	672 »
2° Un coup de trois pyramides de simocon composé de 25 rouets avec changement de feu et une mosaïque qui terminera le dit coup de feu.	1.228 »
3° Un temple de 7 arches avec sa frise, soubassement et les marches entre chaque arcades avec fontaine de feu à l'entablement du temple, le chiffre de l'Impératrice entouré d'étoiles, surmonté de la Couronne.	2.462 »
A reporter.	

	Report	
Impériale accompagnée de chandelles remaines et volcan	1.250	»
Bouquet en forme de Girande		
Composé de 15 douzaines de partements	135	»
— de 15 — de gros partements	165	»
— de 15 — Marquises	270	»
— de 15 — doubles Marquises	450	»
— de 15 — de trois douzaines	900	»
100 volcans	300	»
50 marrons	150	»
4 bombes de 6	72	»
4 — de 8	120	»
1 — de 12	96	»
Frais de transport	200	»
	6.570	»
Règlement à	6.000	»

Observations. — La première proposition pour le prix du feu était de 6.000, mais le décor nécessitait 7 arcades au lieu de cinq qui avaient été demandées. Cette augmentation d'arcades, y compris les frais de transport et l'artifice en plus, a porté l'augmentation du prix du feu à 570 fr. On n'a pas besoin d'observer que le manque de cette addition aurait nui à l'ensemble du feu et à l'effet général qu'il devait produire.

Mais le Contrôleur est impitoyable et supprime ces 570 fr. supplémentaires sur le devis approuvé par l'Intendant Général Daru. M. Ruggieri n'a qu'à s'adresser à l'Intendant, s'il n'est pas content.

Comme on le voit, les Comptables avaient l'ordre de sabrer les factures, comme les escadrons celui d'enfoncer les carrés.

Mémoire de l'Illumination faite dans les jardins de la Malmaison à l'occasion de la fête de Sa Majesté l'Impératrice et Reine.

Le tout fourni sur les ordres de M. Fontaine, premier architecte de S. M. l'Empereur et Roi. Vu Ganneron, Chandellier, illuminateur, demeurant à Paris, rue Montecuculli, n° 151. Du 19 mars, an 1809.

A été fourni, posé, aspicé et allumé tant dans les avenues que sur les ifs et bosquets placés aux portes du Parc et des Cours que sur ceux de l'Intérieur de la cour du Château, plus aux pieds des arbres et dans la cour des Cuisines pour éclairer les voitures et parer aux accidents, plus sur toute la longueur du mur d'appui de la grande route quantité de 3016 terrines et lampions grand modèle, à raison de 80 cent. pièce y compris les fournitures d'huile d'aspic, flambeaux, cordages, échelles doubles et simples et ustensiles nécessaires de l'illumination et en raison encore des frais de transport et de l'augmentation de la paye des ouvriers employés à cette besogne pour cause du déplacement, soit en argent la somme de 2.412 80

Plus ont été fournis et allumés deux gros pots de fer à cinq mèches qui ont été pris sur les deux vases au-dessus de la grille de la Cour du Château, à raison de 5 fr. pièce, soit en argent . . . . 10 »

2.422 80

Différents autres frais sont portés pour cette fête : Terrasse (terrassement) maçonnerie, serrurerie, plomberie, vitrerie, peinture, pompiers, lampions, fleurs, tapisseries, écharpes de taffetas pour suspendre autour des lustres qu'on ne trouve pas assez nombreux pour illuminer les salons. En voici de nouveaux qu'on apporte de différentes sources :

CHATEAU DE LA MALMAISON

Mémoire des déboursés pour le transport de Lustres, Candélabres et Girandoles au Château de la Malmaison, par JACOB, DESMALTER ET Cie, *rue Meslée, n° 57.*

Une voiture pour le transport de quatre forts candélabres pour recevoir les quinquets.	20 »
Trois brancards pour le transport de trois lustres en bronze ornés de cristaux à 16 fr. .	48 »
Deux brancards pour porter 16 girandoles de cinq lumières à 16 fr.	32 »
Une voiture pour conduire des banquettes.	20 »
Une journée et frais d'une voiture pour avoir été avec les susdits objets à la Malmaison.	12 »
Pour les mêmes frais que ceux ci-dessus pour rapporter à Paris les seize girandoles. .	64 »
Pour les mêmes frais que ceux ci-dessus pour rapporter à Paris les 4 Candélabres et les 3 lustres.	68 »
Papier blanc et gris, caisses ficelles, cordages pour l'emballage des susdits objets. .	18 »
Pour nettoyage et réparation des 3 lustres portés ci-dessus, étant abîmés par la cire, à 10 fr. l'un.	30 »
Pour deux journées pour nettoyer les 16 girandoles et les remettre en place. . . .	10 »
Pour reporter les dorures et peinture, nettoyage de quinquets et pour les trois candélabres et fourniture de mèche.	144 »
Avoir employé 4 hommes la nuit du 19 et la journée du 20 pour transporter les lustres de la salle du Conseil et du salon à la galerie, et ceux descendus des combles remis à la place de précédents, déposé les bras de la salle du Conseil et de la salle à manger, aidé à les poser dans la nouvelle galerie, les avoir déplacés et avoir aidé à les remplacer après la fête, ensemble seize journées à 5 fr.	80 »
Donné pour boire aux hommes qui ont enlevé l'encollage et le sable de dessus le parquet et donné aux porteurs.	18 »
TOTAL en déboursés :	564 »

Nous certifions le présent mémoire sincère et véritable, montant en déboursés à cinq cent soixante-quatre francs.

Paris, le 2 mai 1809. Jacob DESMALTER et Cie.

Certifié le présent mémoire, montant prix juste, à la somme de cinq cent soixante-quatre francs.

Paris, le 4 mai 1809. Le sous-inspecteur : CHANAL.

Le conservateur certifie les transports et déboursés énoncés au présent mémoire avoir été faits pour le service de la Malmaison.

Paris, le 4 mai 1809. Signé : LEFUEL.

Le Conservateur du Mobilier Impérial arrête le présent mémoire à la somme de cinq cent soixante-quatre francs dont il propose le paiement au profit du sieur Jacob à prendre sur pareille somme accordée par M. l'Intendant général aux termes de son approbation en date des 10 mars et 18 avril 1809 (le nettoyage et réparations, transports et placement d'objets demandés par M. le Grand Maréchal pour le service de la Malmaison) et imputables sur le crédit de 100.000 fr. mis en réserve par le budget de cette année pour les dépenses imprévues du mobilier.

Paris, le 5 mai 1809.

MOBILIER IMPÉRIAL

Devis de la dépense à faire pour les transports et placement d'objets demandés par M. le Grand Maréchal du Palais pour le service de la Malmaison, montant à 400 francs, savoir :

Transport de lustres. Pour aller à la Malmaison, 3 brancards à 2 hommes à 18 fr. . . .	54 »
Transport de 4 candélabres et 16 girandoles, cinq brancards à 2 hommes à 18 fr. . . .	90 »
Transport de 40 banquettes : une charrette à 2 chevaux à 10 fr. par collier.	20 »
Pour le placement des lustres et girandoles une journée du sieur Valentin et frais de voyage.	12 »
Total pour l'aller.	176 »
Dépenses imprévues.	48 »
Les mêmes objets pour le déplacement et retour	176 »
TOTAL.	400 »

L'Administrateur du Mobilier Impérial arrête le présent devis à la somme de quatre cents francs et la soumet à l'approbation de M. l'Intendant général, à Paris, le 17 mars 1809. Signé : Desmazis.

Approuvé le présent devis de la dépense à faire pour le transport à la Malmaison, placement et déplacement et retour à Paris des banquettes, lustres, girandoles et candélabres nécessaires pour le bal qui doit avoir lieu le 19 de ce mois dans ce château à l'occasion de la fête de S. M. l'Impératrice, ledit devis montant à la somme de quatre cents francs à prendre sur le fonds de 100.000 fr. mis en réserve par le budget de 1809 pour les dépenses imprévues du Mobilier.

A Paris, le 18 mars 1809 : L'Intendant général de la Maison de l'Empereur : paraphe.

Mobilier Impérial. — Devis supplémentaire de la dépense faite pour le nettoyage et réparation d'objets demandés par Monseigneur le Grand Maréchal du Palais pour le service de la Malmaison, montant à cent soixante-quatre francs, savoir.

Pour nettoyage et réparations de trois lustres en bronze ornés de cristaux, prêtés gratuitement par le sieur Jacob, lesquels ont été abîmés par la cire, à 10 fr. pièce.	30 »
Pour réparations de dorure et peinture de quatre grands quinquets, prêtés *idem* et nettoyage desdits quinquets.	134 »
TOTAL.	164 »

L'Administrateur du Mobilier Impérial arrête le présent devis à la somme de cent soixante quatre francs et le soumet à l'approbation de M. l'Intendant général.

Paris, le 6 avril 1809,

DESMAZIS.

Approuvé le présent devis supplémentaire de la dépense faite pour le service de la Malmaison le jour de la fête de S. M. l'Impératrice, et montant à la somme de cent soixante-quatre francs à prendre sur le fonds de 100.000 fr. mis en réserve par le budget de 1809, pour les dépenses imprévues du mobilier, Donamvert le 18 avril 1809. L'Intendant général de la Maison de l'Empereur. — (Archives, o^2 767.)

Dans ces mêmes cartons, nous trouvons des mémoires relatifs à des fêtes du 30 novembre 1809 et du 1er décembre de la même année, mais le cadre de cet ouvrage ne nous permet pas de tout reproduire.

VIII

E 15 décembre 1809, le divorce est prononcé. La Malmaison, témoin des premières années de bonheur et de gloire est abandonnée par Joséphine qui traîne sa tristesse et sa peine tantôt à l'Elysée ou a Navarre, son nouveau château de l'Eure, tantôt à Aix en Savoie et sur les bords du lac de Genève. Mais ses regrets nostalgiques devaient la ramener à la Malmaison où, dès 1811, elle s'installa définitivement et où les amis fidèles viennent souvent lui tenir compagnie. Tels : Isabey, Redouté, Lenoir, Bompland ; ses parents Tascher et Beaucharnais, l'archichancelier Cambacérès, qui avait combattu le divorce, Masséna, son voisin ; les jeunes filles qu'elle avait fait élever et qui venaient la distraire de leurs concerts. Elle conserva pour Napoléon un véritable culte ; sa fille et son fils Eugène restèrent attachés à sa personne.

L'empereur avait du reste fait tout son possible pour adoucir les rigueurs de sa cruelle décision. Il avait conservé à Joséphine son titre d'impératrice, lui avait donné deux millions de rente et constitué un douaire composé de divers immeubles. Voici les pièces relatant un supplément de douaire de un million, ce qui constituait trois millions de rente. (Voir la lettre ci-dessus. Archives Nationales o[2] 34.)

Décret du 16 novembre 1809

Nous avons assuré et assurons par les présentes à l'Impératrice Joséphine à titre de supplément de douaire une somme annuelle de un million sur la prise de notre Couronne, payable par semestre à dater de ce jour.

Le décret cite ensuite un sénatus-consulte daté du même jour contenant des dispositions obligatoires pour les successeurs.

Trésor général de la Couronne

Exercice de 1811. — Quittance de 250.000 francs

Je soussigné, l'Intendant général de la maison de Sa Majesté l'Impératrice Joséphine, reconnaît avoir reçu de M. Flaujoles, payeur du Trésor de la Couronne, autorisé à cet effet par M. le comte Esteise, trésorier général, la somme de deux cent cinquante mille francs pour le deuxième trimestre 1811 du supplément de douaire de Sa Majesté, échu le 30 juin 1811, à raison d'un million par an. Fait à Paris, le 5 septembre 1811.

Bon pour la susdite somme de deux cent cinquante mille francs. — Casimir de Montlivault.

(Archives Nationales o[2] 211.)

Dans le même dossier se retrouvent les diverses quittances jusqu'en 1814. A partir de 1812, ce supplément est touché par mensualité de 83.333 fr. 33. Cette mesure fut sans doute prise sur la demande de l'impératrice que ses générosités et ses larges dépenses mettaient toujours en retard dans ses budgets, au grand désespoir de l'empereur. Ces quittances sont signées par M. de Montliveault, ce qui semble infirmer le décret du

16 décembre 1809, et prouve que si Napoléon avait ses favoris, Joséphine avait aussi les siens.

..... Le sieur Piertot, receveur géneral du département de l'Aube, est nommé intendant général de la maison de l'impératrice Joséphine... et jouira en la dite qualité des prérogatives que nous accordons aux officiers civils de notre maison. Napoléon.
(Archives Nationales AF. IV. 1604.)

Voici maintenant dans la liasse AF. IV. 3169, une note du 16 décembre 1809 :

Remis à M. Monnier pour Son Excellence la minute de l'acte par lequel Sa Majesté fait donation à l'impératrice Joséphine du château de la Malmaison.

Même liasse, voici encore l'acte de donation du palais de l'Elysée, où Joséphine viendra séjourner non loin de l'infidèle qu'elle aime toujours.

Au palais des Tuileries, le 16 décembre 1809.
Napoléon, par la grâce de Dieu et les Constitutions, empereur des Français, roi d'Italie, protecteur de la Confédération du Rhin, médiateur de la Confédération suisse. etc. etc.,
Nous faisons donation par les présentes à l'impératrice Joséphine ***du palais de l'Elysée,*** ses jardins et dépendances avec le mobilier qui y existe actuellement.
Nous entendons qu'elle en jouisse sa vie durant et qu'après Elle le dit Palais, appartements et dépendances rentre dans notre domaine privé. Nous entendons également que, conformément à l'art. 4 du sénatus consulte du 16 de ce mois, la présente donation soit obligatoire pour nos successeurs. Les dispositions ci-dessus notifiées au Grand Maréchal de notre Palais et à l'Intendant général de notre Couronne. Napoléon. Expédié le 16 décembre au Grand Maréchal du Palais et à l'Intendant général de la Couronne. Le dit jour remis une expédition à S. M. l'Impératrice Joséphine.

Enfin par décret du 16 août 1809 pour l'organisation des Maisons Impériales : Napoléon, nous avons nommé et nommons l'Impératrice Joséphine Protectrice de l'Institut des Maisons Impériales Napoléon.

Le même jour, la Reine de Hollande, Hortense, était également nommée Protectrice des Maisons Impériales Napoléon.

(Arch. Nation, AF, IV, 1604.)

Ces Maisons, régies par les statuts du 29 mars 1809, n'étaient autres que les établissements de Saint-Denis et d'Ecouen ou six cents demoiselles, filles, sœurs, nièces ou cousines germaines de membres de la Légion d'honneur, devaient être élevées dans deux maisons séparées appartenant à la Légion. Madame Campan, qui avait été la directrice du pensionnat de Saint-Germain où fut élevée Hortense était surintendante de Saint-Denis. (Ces statuts se trouvent aux Archives AF[4] 27.140).

IX

OMME l'histoire le prouve, le deuxième mariage de Napoléon ne lui porta pas bonheur. Bientôt il connut l'ère des revers et des déroutes. L'Europe devait lui faire payer cher ses victoires. Les armées coalisées resserrèrent le cercle autour de Paris. L'appel adressé au Vice-Roi d'Italie, par ordre de Napoléon, le 9 février 1814 est écrit à la Malmaison et signé de Joséphine : Marie-Louise part avec son fils pour Blois. Marmont trahit l'Empereur, qui doit abdiquer et part pour l'exil à l'île d'Elbe. Marie-Louise et le Roi de Rome prennent le chemin de Vienne ; Joséphine est prête à suivre Napoléon, qui s'était écrié en s'embarquant : « Elle avait raison ; de l'avoir quittée m'a porté malheur. »

Les souverains alliés se montrèrent pleins de prévenance pour cette famille innocente et populaire. L'Empereur Alexandre de Russie alla plusieurs fois voir Joséphine à la Malmaison et Hortense à Saint-Leu ; il désirait que le gouvernement de la Restauration lui conservât quelques avantages assurés par Napoléon, mais il n'aboutit pas à grand'chose en faveur de l'ancienne épouse de l'usurpateur d'Hortense et du prince Eugène.

Joséphine, terrassée par une angine contractée pendant une visite de l'Empereur Alexandre, auquel elle voulut faire les honneurs de son parc, s'alita le jour même où elle devait être présentée à Louis XVIII. Elle mourut le 29 mai, jour de la Pentecôte, entre les bras de la reine Hortense et du prince Eugène.

Son cercueil fut exposé dans le vestibule du Château et vingt mille personnes défilèrent devant la dépouille mortelle de la bonne Joséphine. Elle fut enterrée en l'église de Rueil, le 2 juin 1814.

Un an après, Napoléon, au retour de l'île d'Elbe, voulut revoir la Malmaison ; Hortense lui en fit les honneurs ; car le prince Eugène était retenu de force en Allemagne. Seul, il entra dans la chambre où était morte Joséphine... Il en sortit les yeux pleins de larmes, et repartit avec un espoir nouveau...

Mais l'étoile était à jamais éteinte dans le ciel morne ; la morte ne pouvait renouer la chaîne rompue.

A Waterloo sonna le glas de l'épopée... Napoléon vint passer cinq jours à la Malmaison avant de quitter à jamais la France. La Reine Hortense, fidèle dans le malheur, vint l'y retrouver. C'est dans cet asile où il avait connu les fastes de la grandeur et de la victoire, qu'il but jusqu'à la lie le calice des trahisons et des hontes.

Bouilly, dans ses récapitulations nous raconte qu'après l'abdication, Carnot vint trouver Napoléon à la Malmaison, pour lui signifier les décisions du gouvernement provisoire à son égard.

Il le trouva au bain et lui exposa la nécessité où il se trouvait de s'éloigner.

— Ah ! dit Napoléon, le Gouvernement provisoire me craint beaucoup, puisqu'il veut que je m'éloigne. Eh bien ! j'irai me confier à l'Angleterre.

Carnot, qui aimait beaucoup l'Empereur... depuis l'abdication, chercha vainement à le détourner d'aller se livrer à sa mortelle ennemie et lui dit que le Comité pense qu'il ira en Amérique où il trouvera le repos. Napoléon se rendit à ses raisons, mais il devait revenir à sa première idée.

Quelques semaines plus tard, Carnot apprenait que Fouché, son collègue du Comité, rallié aux Bourbons, l'avait couché sur la liste de proscription. Il alla le trouver et ce dialogue épique s'engagea.

— Où veux-tu que j'aille, traître ?

Et l'autre de répliquer : — où tu voudras, imbécile...

Voici un épisode plus touchant de ses derniers jours à la Malmaison :

Le Comte Marco de Saint-Hilaire raconte ainsi l'histoire du fameux collier de la reine Hortense. Foncier avait composé sur l'ordre de l'Empereur ce magnifique joyau, qui valait 200.000 fr., d'après l'estimation que Napoléon, toujours méfiant, avait fait établir par un expert. L'Empereur offrit cet inestimable bijou à la nouvelle Majesté qu'il avait créée, à la reine de Hollande... et les jours de gala à la *Maison du Bois*... Comme ce collier ruisselait bien sur un cou de Cygne !...

Mais les mauvais jours arrivèrent. Le canon de Waterloo s'était tu. L'Empereur, rentré à Paris, avait dû quitter l'Elysée et se réfugier à la Malmaison, abandonné comme Bélisaire... Une femme entra dans le salon où seul il était assis devant une table sur laquelle se déroulait la minute de la seconde abdication que des ingrats venaient de lui arracher.

— Sire, dit-elle, d'une voix émue, vous souvient-il du cadeau que Votre Majesté me fit à Saint-Cloud, il y a aujourd'hui neuf ans ?

— Eh bien ! Hortense, que me voulez-vous ?

— Sire, quand vous m'avez faite reine, vous m'avez offert ce collier. Il a un grand prix dit-on. A présent, je ne suis plus reine, Sire, et vous êtes malheureux... reprenez ce joyau.

— Ce collier, Hortense, pourquoi vous en priver ? reprit froidement Napoléon, c'est peut-être la moitié de votre fortune. Et vos enfants ?

— Sire, c'est tout ce que je possède en ce moment. Quant à mes enfants, ils ne reprocheront jamais à leur mère d'avoir partagé avec son bienfaiteur les richesses dont il s'est plu à la combler.

En disant ces mots la reine fondit en larmes ; jamais Napoléon ne s'était senti si ému.

— Non, dit-il, avec effort, en détournant la tête et en repoussant doucement la main que lui tendait Hortense, non, je ne puis.

— Prenez, sire, je vous en supplie ! il n'y a pas de temps à perdre, les moments sont précieux !... On vient, Sire, prenez donc !...

L'Empereur consentit à accepter ce collier, et quelques heures ensuite il était cousu dans un ruban de taffetas qu'il plaça sous ses vêtements.

A bord du *Bellérophon*, Napoléon confia ce collier à M. de Lascases qui le garda longtemps à Sainte-Hélène. Brutalement séparé de l'illustre proscrit, il dut en charger un officier anglais qui ne trahit pas sa confiance, mais ne put remettre ce dépôt précieux à l'Empereur que deux ans plus tard.

Napoléon en fit don à son fidèle Marchand en lui disant : Tu épouseras la fille d'un de mes braves. Cet ordre suprême fut obéi. Le collier de la reine Hortense constitua la dot de la fille du lieutenant-général Brayer.

Napoléon n'ayant pu obtenir le commandement des 80.000 hommes rassemblés dans Paris, se décida à partir pour Rochefort, car les alliés approchaient et Blücher parlait de faire pendre l'usurpateur... Un petit monument commémoratif indiquait l'endroit ou l'Empereur était monté en voiture le 29 juin 1815, avec l'inscription : « Derniers pas de Napoléon. »

Quelques jours plus tard, le 12 juillet, la Malmaison fut ravagée et pillée par les troupes anglaises et prussiennes. Un journal du temps rapporte que des statues de Canova, de Cartellier, de Lemat, etc. etc., des tableaux de Vernet, de Tannay, de Richard furent détruits par le sabre et les baïonnettes des Anglais et des Prussiens...

Hortense dut se retirer au château d'Arenemberg et n'obtint que plus tard l'autorisation de rentrer à Saint-Leu. La Malmaison resta au prince Eugène jusqu'en 1824. Dans l'intervalle (en 1821), Napoléon mourut à Longwood (île Sainte-Hélène.)

En 1826, le banquier Suédois Haguerman acheta la Malmaison, mais il morcela le parc et vendit les bois qui en dépendaient.

En 1831, dit la reine Hortense, dans ses Mémoires, je m'arrêtai à la porte du château de La Malmaison : je tenais à y entrer. C'est de là que l'Empereur avait quitté la France pour jamais ! C'est là que je fus heureuse d'adoucir par mes soins les tristes moments où tout l'abandonnait !... Il me fut impossible de vaincre l'ordre du nouveau propriétaire, qui avait défendu de laisser voir ce lieu sans billet...

En 1842, la reine d'Espagne, Marie Christine, paya 500.000 fr. cette propriété si réduite. Elle répara le château et fit bâtir la Chapelle. En 1861, Napoléon III racheta le berceau de la dynastie pour le prix de un million cent mille francs, et alla souvent se reposer en ce château, théâtre des jeux de son enfance, si modeste par sa structure et si grand par les souvenirs qu'il évoque.

A l'occasion de l'Eposition de 1867, l'Empereur voulut reconstituer fidèlement, sinon le parc, du moins l'intérieur du château et fit appel à toutes les personnes qui détenaient quelques meubles ou objets prevenant de la Malmaison.

Lui-même put déposer en ces lieux fatidiques diverses pièces de sa collection particulière, dignes de figurer au musée Napoléon qu'il désirait constituer. Le Musée du Louvre, le Garde-Meuble, la Manufacture de Sèvres, furent mis à contribution. Le marquis de Grimaldi, le marquis d'Hertfond, la princesse Julie, marquise de Boccagiovine, M. Louis d'Utrebon, M. A. Moreau, prince Joachin Murat, le général Comte Lepic, M. Brichard, la baronne de Pagès, M. Giraudeau, M. H. Didier, M. Constantin et bien d'autres, répondirent à l'appel que leur adressa le Comité d'organisation, dont le général, Comte Lepic, fut nommé président et M. de Lescure secrétaire. Ce même Comité s'occupa de restaurer aussi le petit Trianon, en respectant de même le plan et la physionomie de l'habitation.

A la Malmaison il fut des plus heureux et l'idée de l'Impératrice Eugénie de réunir aux châteaux de la Malmaison et du Trianon les meubles, tableaux et objets divers se rattachant à ces demeures par un lien authentique fut des plus goûtés par le public...

Quatre ans plus tard, les vandales devaient revenir et disperser toutes ces précieuses reliques. Les Prussiens en 1871 continuèrent l'œuvre de 1815 et la Malmaison fut de nouveau dévastée et pillée.

En 1896, M. Daniel Osiris devait la racheter pour la relever de ses ruines et recommencer la reconstitution interrompue. Il n'a pas failli à cette tâche, et, en mourant, ce généreux donateur a eu la satisfaction d'avoir donné à la France un inestimable joyau, sinon au point de vue intrinsèque, tout au moins au point de vue des grands souvenirs de gloire et de puissance.

X

LA vécut et s'éleva celui qui, malgré ses défauts et son orgueil immense, fit la France si grande et si forte, qui vint à l'heure qu'il fallait pour panser les blessures faites par l'Anarchie et sauver de l'invasion et de la ruine la patrie menacée. Là vécut cette merveille de grâce et de bonté qui fit tant pour la grandeur de son époux par son aménité, son intelligence, sa charité, son amour des arts et des lettres et aussi par son abnégation et sa sollicitude pour un ingrat.

Le décor est toujours le même, le château se dresse au fond de cette avenue ornée de pelouses et précédée de deux pavillons bornant la grille. Les orangers n'ont pas été remplacés, mais voici le péristyle en forme de tente cubique, avec ses barreaux et ses piques qui lui donnent l'aspect d'une cage de foire, selon la critique ironique de Napoléon à ce pauvre M. Fontaine.

Voici ensuite l'atrium avec ses quatre colonnes et ses baies ouvrant sur la verdure. Sobrement réparé et adorné de trophées peints, composés d'une couronne de laurier et d'une épée antique. A droite, la salle de billard, où l'on n'a encore placé que les portraits peints par Rigo.

A la suite, voici le salon où l'on remarque la cheminée de mosaïque donnée par le Pape Pie VII à Napoléon, dont les Prussiens en dérobèrent les pierres précieuses. Un buste de l'Empereur trône au milieu. Sur les murs, des attributs en relief et des cartouches de Stuc entourent les panneaux peints à fresque où Redouté a représenté des personnages de Virgile: Tityre et Mélibée jouant de la flûte; la Sibylle, l'Amour, les jeux Olympiques mêlés à d'autres empyrées: Dieux égyptiens, Daphnïs et Chloé, la naïade, l'ondine, le lutin, la chimère et des sylphes.

Les meubles en bois doré, couverts de lampas jaune, proviennent du salon de réception de l'Impératrice Joséphine au palais de Saint-Cloud.

Dans la petite galerie, ou salon de musique, on a exposé pour satisfaire la curiosité des foules la harpe de Joséphine, avec ses cordes brisées, son métier à tapisserie et sa table à ouvrage garnie de son sac.

A gauche du vestibule, diverses pièces en enfilade comme à droite. Voici d'abord la salle à manger occupée par une vaste table où sont rangées en bataille les diverses pièces du surtout de table en marbre, pierres précieuses et bronze doré, offert à l'empereur par le roi d'Espagne, Charles IV. C'est du garde-meuble que l'on a tiré ces objets d'art, ainsi que les meubles du salon.

Cette pièce est ornée de panneaux avec peintures monochromes de Laffitte, représentant des danseuses et des joueuses de flûte. On y remarque encore un lavabo avec une vasque de marbre.

La salle du conseil, qui fait suite, est simplement tendue de coutil aux rayures blanches et rouges et, comme le péristyle, affecte la forme d'une tente. Elle est garnie de divans, de fauteuils, de chaises et de tabourets, couverts d'étoffe rouge, avec chimères à tête de sphinx sculptées. La table couverte d'un tapis dont se servait l'empereur au château de Fontainebleau. Entre les deux fenêtres, le secrétaire offert par la ville de Bordeaux à Napoléon Ier.

Dans la bibliothèque, aux boiseries et aux colonnes d'acajou, est placé le bureau dont se servait Napoléon à Compiègne. Un encrier doré et un lot de volumes de l'ancienne collection de la Malmaison sont placés dessus. A côté on remarque une corbeille à papier en bois d'acajou qui dépendait du bureau de la Malmaison ; elle fut achetée en juin 1829, à la vente faite à la Malmaison par M. Brichard et offerte plus tard par ses propriétaires pour le Musée Napoléon.

Au premier, l'on visite la salle de bain et le cabinet de toilette orné de frises pompéiennes, petites pièces complètement démeublées, ainsi que la chambre à alcove de Napoléon qui communique directement avec celle de Joséphine. La somptueuse ornementation de cette pièce contraste avec la lamentable nudité de celles que l'on visite auparavant. Elle est de forme octogonale et entièrement tendue de damas rouge, brodé d'or, chiffres, couronnes, et abeilles. Le lit antique, sur une estrade, est dominé par un léger baldaquin. Il est doré, avec un cygne aux ailes éployées qui en forme la tête. C'est là que la bonne Joséphine rendit le dernier soupir... Sur une table est placé le nécessaire de toilette donné à l'impératrice par la ville de Paris. Voici encore le secrétaire à crédence avec tête de sphinx où elle enfermait ses bijoux. Le tapis et les meubles datent de l'époque. Un écran en tapisserie placé devant la cheminée, a été brodé par l'impératrice elle-même. La visite se termine par la chambre d'Hortense où se trouve un buste de Joséphine et des meubles provenant du château d'Arenemberg ; lit, commode, toilette en noyer, ornée de cuivres dorés et ciselés.

Le second étage, assez bas de plafond, était occupé par les chambres des aides-de-camp et auditeurs. Le personnel du château y est logé et peut ainsi veiller sur les précieuses reliques que l'on a exposées dans les principales pièces. Ce trésor du Musée Napoléon s'augmentera peu à peu par suite d'achats et de dons et deviendra digne des grandes figures de l'épopée.

Le lambeau de pelouse et de parc qui encadre ce temple de Mémoire est mélancolique et charmant, avec ses hautes frondaisons d'essences rares et variées ; ses rochers lamentables, et les eaux dormantes de la rivière qui ne bouillonne plus de l'afflux de tant de sources détournées. Deux ponts rustiques, sans parapet, la franchissent de leur arche surbaissée. Quelques vulgaires canards remplacent les cygnes noirs, *rara avis*... Une grêle statue est égarée piteusemenl au milieu d'une clairière sur un socle ruiné. Quelques allées serpentent sous les ombrages (et se heurtent contre une barrière trop rapprochée. Le temple de l'Amour est invisible, prisonnier qu'il est dans un enclos voisin... Le reste du parc est morcelé par des haies et des murs, parsemé de banales villas...

Le long des allées, des bancs de square remplacent ces bancs de gazon ou siégeait un aréopage de beautés en peplum et de généraux aux brillants uniformes.

Elle assistait aux ébats d'Hortense et des élèves de Mme Campan, gracieuses nymphes, parmi lesquelles Mars en personne daignait jouer familièrement, sur cette pelouse qui s'étend devant la façade blanche adornée de deux obélisques. Les statues de marbre de Marly ont disparu des pieds-droits et ont été remplacées par des moulages sans valeur.

A la place de la grande galerie, s'élève la Chapelle gothique élevée par la reine Marie-Christine. Mais, en contournant le fossé du côté de la bibliothèque, nous gagnons l'allée de tilleuls où l'Empereur aimait à se promener. A l'extrémité, on a réparé le pavillon où Napoléon aimait à se reposer et à songer. Mais il est nu et vide. Que mettre dans ce lieu où roulèrent de si vastes pensées?...

La serre n'existe plus, ni la grande galerie, ni le théâtre où triompha Hortense. Le bois de l'étang de Saint-Cucupha, avec la vacherie et la bergerie Suisse, où l'on allait jadis directement sont si loins et si séparés qu'on ne songe pas à y aller. Car on est retenu quand même dans l'étroite enceinte dont les beaux arbres vous charment et vous incitent à la rêverie...

Au printemps, les fleurs brillent partout et le lilas embaume. Leur parfum pénétrant est comme l'âme errante et légère de la bonne Joséphine qui les aima tant.

L. de QUELLERN. G. RAYSSAC.

Visite intérieure et Description

DE L'AMEUBLEMENT (1)

. . . .

..... A cent cinquante mètres de la grille où pendent des lanternes à potence du temps, — il y a les mêmes à Fontainebleau, — le *château*... où mène droit une large allée sablée, dont l'alignement est donné par de très vieux érables, entre deux pelouses bordées d'ifs, et surtout de rosiers originaires de la Malmaison : le *Souvenir de Malmaison*, l'*Impératrice Eugénie*... (2)

Le château... d'une ligne sèche et nue, aux fenêtres développées géométriquement (3), mais par sa simplicité même, d'une saisissante grandeur dans le vaste vide de la cour d'honneur... (Ici, ce ne sont pas les pierres banales qui parlent... La légende et l'histoire se racontent elles-mêmes...) Quoiqu'on veuille, on ne peut décrire que les hommes de loi. Lisez la désignation du premier lot, dans la vente sur licitation en trente-cinq lots des château et parc de la Malmaison, par le ministère de M. Sourdeau, notaire à Bougival, le 12 août 1896 :

Le château de la Malmaison, comprenant un bâtiment principal, entouré en tous sens de vastes fossés, et deux ailes en retour d'équerre, élevé sur caves formant soubassement du côté des fossés, d'un rez-de-chaussée et de deux étages surmontés de greniers... Le tout d'une contenance de 63.095 mètres carrés environ... (avec les dépendances et le parc) (4). Mais au lieu de suivre l'allée principale, passons par une des contre-allées, abritées de tilleuls à haute futaie, grandis dans l'abandon, jadis taillés en rideaux... A droite nous découvrirons quelques vestiges du passé ; les piliers de la basse-cour et d'une laiterie, au milieu desquels sont deux coqs taillés en relief dans des médaillons de pierre ; au sommet de ces colonnes carrées, deux aigles de plâtre dont les têtes sont brisées... (5). Un peu plus loin, les communs, les écuries ; de ce côté se trouvent les logements des jardiniers... Et nous voici sur l'esplanade, close de murs cachés par le lierre, jadis couverts d'aristoloches et de clématites (en prolongement des ailes du château) jusqu'à la grille de l'entrée avec deux grilles latérales en vis à vis (6).

1. Extrait d'UNE VISITE A LA MALMAISON, de Jean Ajalbert et Ernest Dumonthier, Versailles, 1907.

2. En fouillant à 20 centimètres sous le gravier, on retrouve le pavé de l'allée ancienne.

3. Ces fenêtres avant le Consulat n'étaient pas aussi durement rectangulaires, mais cintrées, et rien que cette courbe des ouvertures adoucissait singulièrement l'aspect de cette façade si rigide.

4. Nous avons eu la curiosité de relever les dimensions du château, soit :

La façade antérieure, 38 mètres de long sans les annexes, qui allongent de 6 mètres chaque ; 8 mètres de largeur, 11 mètres de hauteur, du sol à la corniche du 2e étage. La façade postérieure, comme on l'a expliqué plus haut, est plus étendue, soit 65 m. 70.

Le vestibule a 12 mètres sur 8 mètres ; la salle à manger, 11 m. 10 sur 8 mètres ; la salle du conseil, 7 m. 10 sur 8 m. 35 ; la bibliothèque, 12 m. 80 sur 6 m. 20 : la salle de billard, 7 m. 70 sur 8 mètres ; le petit vestibule, 5 m. 90 sur 2 m. 95 ; le salon doré, 6 m. 90 sur 7 m. 75 ; le salon de musique, 14 m. 70 sur 8 mètres.

Les fossés, dans leur grande largeur, ont 7 m. 80, dans la plus petite 5 m. 80, dans leur moyenne 6 m. 30 ; la profondeur est de 2 m. 50. Il paraîtrait qu'ils se prolongeaient *en souterrain*, vers Bois-Préau ..

5. Ces aigles de plâtre, retrouvées dans des décombres, n'ont été posées là que depuis peu.

6. Un peu plus bas, sur les piliers des murs, deux lions sont couchés ; ils proviennent d'un achat de M. Osiris à l'Hôtel des Ventes.

D'ici, nous apercevons le détail, bien restreint, qui échappe de loin à l'arrivée... La façade, qui semblait toute unie, est creusée à chaque aile de deux niches aux côtés de la fenêtre, privées de leurs statues, et présente des pieds-droits (1) uniformément symétriques, surmontés de deux vases et de six moulages (2) représentant trois saisons et trois parties du monde.

Anciennement il n'y avait pas de vases, mais quatre saisons et quatre parties du monde! Au-dessus des fenêtres du rez-de-chaussée, la salle de veille, où se tiennent les hommes de service ; au premier, le bureau du Conservateur ; dans le pavillon de gauche, au rez-de-chaussée, une pièce réservée à l'architecte M. Leclerc, qui a la direction des jardins et veille à l'entretien des bâtiments ; au premier, l'appartement du Conservateur.

A chacun de ces pavillons, s'accroche une de ces grosses lanternes à poulie, comme celles de la grille d'entrée.

Au milieu de la façade on pénètre de plain-pied dans le vestibule, par une marquise vitrée, couverte en forme de tente, dressant au-dessus des lances entrecroisées, des hampes portant le croissant et la boule d'or.

Rez-de-Chaussée

La marquise en forme de tente que nous venons de décrire est éclairée par des baies vitrées et sert de salle d'attente aux visiteurs. Deux grands vases en tôle, forme Médicis, sont ses seuls ornements.

De là, on pénètre dans le vestibule d'honneur qui divise en deux parties les appartemeuts du rez-de-chaussée.

A gauche, en regardant le parc, se trouvent en enfilade : La *salle à manger*, la *salle du conseil* et la *bibliothèque*.

A droite :

La *salle de billard*, le *grand salon de réception* et enfin le *salon de musique*.

C'est dans cet ordre que nous allons décrire successivement chacune de ces pièces ainsi que les meubles et les divers objets d'art dont se compose leur ameublement actuel.

Disons à ce propos que la reconstitution partielle de la Malmaison et la mise en place des anciens meubles, tels qu'ils étaient au temps de Joséphine, sont l'œuvre de deux distingués fonctionnaires de l'Administration des Beaux-Arts ; MM. Locquet, administrateur du garde-meuble national et Pallu de la Barrière qui depuis l'acceptation par l'Etat du don Osiris jusqu'en avril 1907, fut conservateur de ce château.

Le vestibule d'honneur, dénommé aussi *salle des gardes*, forme un vaste péristyle soutenu au milieu par quatre colonnes rondes en stuc et sur les côtés par huit pilastres engagés.

Le dallage, composé de carreaux noirs et blancs, date de l'époque du 1er Empire.

Comme décoration, de simples couronnes antiques, en bronze vert, placées au-dessus des portes, et, sur les pilastres, des couronnes de même forme avec un glaive.

Une large porte, avec deux fenêtres vitrées, donnent sur le parc. A l'extrémité du pont, face à la porte, on aperçoit les deux obélisques.

A l'époque où la reine Marie-Christine possédait ce château, on pouvait admirer au milieu du péristyle, entre les colonnes, un joli marbre de Carrare, dû au ciseau de Canova et figurant un jeune enfant agenouillé, les mains jointes. L'artiste, dit-on, avait voulu représenter le roi de Rome priant pour le salut de la France.

Salle a manger

Dès l'origine, cette pièce était carrée. Joséphine la transforma et l'agrandit par une ovale ajouté à l'une de ses extrémités.

1. Ces pieds-droits n'étaient pas un agrément décoratif de la façade primitive. Ils furent établis pour étayer la construction, sénile, ébranlée par les travaux incessants de la bibliothèque, de la galerie, etc.

2. En 1815 avaient disparu les statues de marbre qui provenaient de Marly et auxquelles ces contreforts servaient de piédestaux.

Le dallage noir et blanc, semblable à celui du vestibule, est aussi de l'époque. La disposition du dallage est régulière, sauf dans la partie ovale. On remarque dans cette dernière partie un dessin spécial affectant la forme d'une demi-rosace, endroit, dit-on, où, lors des repas, on plaçait le siège destiné à l'impératrice.

Les dix panneaux qui décorent les murs ont été peints par Laffitte sur stuc fond bleu et représentent des danseuses pompéiennes (1). Comme encadrement, une large bande marron sur laquelle se détache une autre bande plus foncée. Au-dessus de ces peintures, des attributs : vases antiques, patènes, amphores...

Sur une table, recouverte d'un tapis rouge, est exposé le surtout donné à l'empereur Napoléon Ier, en 1804, par Charles IV, roi d'Espagne.

Ce surtout, en pierres dure de diverses couleurs : marbre, albâtre, agate, porphyre, camées etc., se compose de trente et une pièces ; vingt-deux de ces pièces forment des candélabres à 3 et quatre lumières, les neuf autres représentent des temples, des fontaines ou des autels.

Toutes ces pièces, montées en bronze doré, sont ornées de statuettes et de bas-reliefs (2).

Dans la partie demi-ronde de cette salle à manger, on voit encore la fontaine en marbre blanc qui servait de lavabo et d'où s'élançait un jet d'eau.

Salle du Conseil

Cette salle, qui affecte la forme d'une tente, a été exactement reconstituée comme au temps de l'Empire. Elle est entièrement tendue de coutil blanc et bleu. Ces deux teintes, avec l'étoffe rouge qui recouvre les sièges, rappellent nos trois couleurs nationales (3).

Sur les portes et sur les panneaux, à côté :

Huit peintures sur toile représentant des trophées : Gaulois, Dace, Perse, Etrusque, Carthaginois, Romain, Grec, Chevaleresque.

L'ameublement se compose de deux divans en forme d'équerre, cinq fauteuils, dont le plus grand était destiné à l'Empereur lorsqu'il présidait le conseil des ministres, six chaises et six tabourets en X. Tous ces meubles sont couverts en drap rouge, franges et galon or.

Au plafond est suspendu :

Un lustre, style Empire, en bronze ciselé et doré, à vingt-quatre lumières, garni de cristaux de Bohême.

Sur les murs :

Six bras appliques, style Empire, en bronze doré, à cinq lumières.

De chaque côté de la pendule, sur la cheminée en marbre noir veiné :

Deux vases, forme Médicis, en porcelaine de Sèvres, fond vert, décor or, socle carré en marbre.

Le cadre de la glace, assez original, est formé par deux lances.

Le tapis en velours de soie vert, franges or, qui recouvre la table est du temps de Joséphine.

Sur la table :

Un flambeau en bronze ciselé à cinq lumières, garde-vue peint en vert, décor or.

Entre les deux fenêtres :

Un secrétaire en bois d'if à armoire, ornements en bronze, ciselé et doré, dessus en marbre gris bleu.

La Bibliothèque

Cette pièce, d'une ordonnance spéciale, servait de cabinet de travail à Napoléon Ier. Elle se divise en trois parties, avec colonnes doriques en acajou massif supportant des arcs formant pignons.

1. Ces panneaux ont été repeints sous la direction de M. Jambon.

2. Un certain nombre de Camées ont été arrachés et sont incrustés dans des pendules qui se trouvent au palais de Fontainebleau.

3. Cependant M. Jambon affirme que la tenture primitive en toile de soie, était blanc, bleu et rouge.

Les murs, comme le plafond, sont décorés de fresques dues à Percier et Fontaine et restaurées par Jambon.

Au milieu des cintres formant la première et la dernière partie, on aperçoit :

Le coq gaulois, puis l'aigle impérial.

Dans celui du centre, au-dessus du bureau, ont été représentés dans un cadre octogone :

Apollon et Minerve.

Les noms des principaux écrivains, poètes et philosophes sont inscrits au milieu des motifs décoratifs, plusieurs d'entre eux sont représentés peints en médaillons : Ovide, Hérodote, Voltaire, Homère, Platon, Euripide, Raynal, Polybe, Xénophon, Cicéron, Virgile, Dante, Socrate et Ossian.

Au centre de cette pièce, se trouve :

Un bureau dont se servait l'Empereur.

Ce bureau, en bois d'acajou, est orné de bronzes dorés, pieds reliés entre eux, tiroirs à battants, gradins à l'intérieur, tapis en velours de soie vert (1).

Le fauteuil tournant est en racine d'orme recouvert également en velours de soie vert tout élimé...

Sur ce bureau :

Un encrier en ébène, garnitures et appliques en bronze doré, surmonté de trois vases, celui du milieu cache une sonnette, il est entouré de deux amours tenant une guirlande de fleurs et de fruits ;

Un flambeau, bronze doré, à trois lumières, garde-vue vert, filets or ;

Une petite corbeille acajou, filets cuivre doré ;

Et huit volumes portant à l'intérieur : « Bibliothèque de la Malmaison. »

Tous ces objets ont servi à l'Empereur.

A droite et près du bureau :

Un petit meuble bas, en acajou, à roulettes, de forme étrange, ressemblant à un bateau dont on aurait coupé, à angle droit, l'avant et l'arrière. Au premier abord, ce meuble ne semble pas avoir d'ouverture, cependant, en l'examinant de près, on aperçoit, dans toute sa longueur adroitement dissimulées, deux rainures. C'est dans ces fentes que Napoléon glissait les papiers et notes qu'il voulait conserver. Sur le côté avant de ce petit meuble, on aperçoit, au milieu d'une couronne de lauriers, le blason impérial en bronze doré. Ce blason cache une entrée de serrure qui permettait à l'Empereur d'ouvrir avec sa clef le tiroir contenant ses papiers secrets. Ce meuble est signé par le célèbre tabletier *Biennais*, établi rue Saint-Honoré à l'enseigne du « Singe violet ».

Derrière le bureau :

Deux gaînes, style Empire, ornées de bronze.

Fixé au mur, à droite, près de la fenêtre du milieu.

Un baromètre métallique avec thermomètre orné de têtes de sphinx et galerie en cuivre dans le bas, — 1804 — Chevallier.

Au plafond :

Deux lanternes en bronze doré.

La blibliothèque est la dernière pièce des appartements situés au rez-de-chaussée, côté gauche.

Pour visiter les autres salles, côté droit : la salle de billard, le salon de réception et le salon de musique, on doit revenir à son point de départ, c'est-à-dire dans le vestibule d'honneur.

Salle de Billard

Cette salle, qui ne présente aucun caractère décoratif, servait autrefois d'antichambre aux officiers. On la dénommait aussi salon d'été ou salon vert, par opposition à la pièce suivante appelée salon doré.

Le carrelage noir et blanc n'est pas de l'époque.

Les panneaux sont ornés de :

1. Napoléon, de son canif, machinalement, tailladait le bras de son fauteuil, la basane de sa table de travail... Même dans la vie privée, il était destructeur. De la chambre, il tirait à la carabine sur les oiseaux du parc, et il désespérait Joséphine en arrachant indifféremment les fleurs rares de sa serre.

Six tableaux, souvenir de l'expédition d'Egyte, représentant les portraits en buste, grandeur nature, de six chefs arabes ou cheicks, exécutés d'après les dessins d'Isabey, par un peintre nommé Rigo.

Les copies de ces peintures sont exposées au Musée de Versailles.

Le billard qui, autrefois, se trouvait dans cette pièce fut enlevé en 1815, lors du pillage de la Malmaison par les troupes alliées. La légende rapporte que le drap vert de ce billard fut coupé par des soldats qui s'en firent des pantalons.

Le Salon de Réception

Ce salon, richement décoré, est d'une ordonnance remarquable.

Le plafond est orné de motifs finement dessinés, au milieu desquels se trouvent des attribus dorés : Lyres, cornes d'abondance... et des médaillons ayant au centre le chiffre J.

Six peintures, dans des cadres ronds, dues à Redouté, décorent les panneaux de ce salon. Ces peintures représentent des scènes champêtres, quelques-unes inspirées par les bucoliques de Virgile ; on y reconnait d'ailleurs : Tityre, Mélibée, Daphnis et Chloé ; d'autres, sont inspirées d'Ossian, de la poésie, des ballades à la mode. Ce goût du jour se poursuit dans la décoration anachronique qui encombre les murs de sylphes, porte-lyres, de chimères mamelées, ailées et onglées, d'ibis et d'hippogriffes (1).

La cheminée, en marbre blanc, fut offerte à Joséphine par le pape Pie VII à l'occasion du sacre. Elle était ornée de bronze, de pierres précieuses et de mosaïque qui disparurent en 1870. Cette cheminée était estimée un prix considérable, on prétendait même qu'à elle seule elle valait plus que le domaine tout entier de la Malmaison. Sans méconnaître la valeur de cette œuvre et son caractère artistique, nous pensons que l'évaluation qui en a été faite est fort exagérée.

Sur cette cheminée, se trouve :

Le buste en marbre blanc, de Bonaparte, attribué à Canova.

De chaque côté de ce buste :

Deux flambeaux, style Empire, en bronze ciselé et doré, tige cannelée, pied orné de trois figures de femmes ;

Deux vases étrusques en porcelaine de Sèvres, fond brun flambé, décor or à l'antique, représentant des danses de nymphes et des sacrifices aux divinités, anses à serpents enlacés, socle carré imitant le marbre blanc (fabrication de 1806) ; et deux candélabres en bronze ciselé et doré, style Empire, socles carrés en bronze doré uni avec appliques en bronze au vert antique, surmontés d'une boule sur laquelle est une femme ailée et drapée, vert antique, tenant dans ses deux mains une couronne de laurier d'où sortent sept branches de lumières, forme cornet, cannelées et à feuilles.

L'ameublement de ce salon est composé de :

Deux causeuses, huit fauteuils, quatre chaises et deux tabourets. Les bois de ce meuble, style Empire, sont sculptés et dorés. Les pieds de devant carrés à griffes surmontés de têtes Egyptiennes, ceux de derrière sont à gaine. Ils sont recouverts en étoffe dit « Gros de Tours » jaune à médaillon fond blanc, dessins ; vase et bouquet de lilas. Les rideaux de fenêtre sont en même étoffe avec bordure brocart.

Au milieu de la pièce se trouve :

Un guéridon acajou, forme octogone, dessus en marbre vert soutenu par huit colonnettes dorées, dans la ceinture, des ornements en bronze doré finement ciselés, représentant l'*Ete*, le *Printemps* l'*Automne* et l'*Hiver*. Entre les colonnettes, un milieu avec vase.

Sur ce guéridon :

Une corbeille en porcelaine de Sèvres, formée de palmes à jour, fond blanc, décor or et platine, socle carré en bronze doré (fabrication et décor de 1824).

1. C'est dans ce salon qu'étaient placés les deux tableaux de Gérard représentant, l'un, *Joséphine assise sur un divan*; l'autre, *la reine Hortense et ses deux enfants*.

A droite, en regardant la cheminée :

Une table à thé, socle triangulaire, trois montants à colonne, dessus en verres avec dessins représentant des fleurs et des fruits, ainsi que huit papillons dans des médaillons octogones.

Puis la table à jeu de l'Impératrice, en acajou, pieds à gaine, dessus à volets.

A gauche :

Le métier à broder de Joséphine (1). Ce métier est en acajou, les diverses parties qui le composent sont ornées de petits sujets ciselés en bronze doré : cygnes, torches ailées enlacées d'une couronne, ruches d'abeilles, losanges à tête de femme, fleurons, lauriers, etc. (Malheureusement il manque quelques-uns de ces ornements.)

Enfin :

La table à ouvrage dont se servait l'Impératrice. Ce petit meuble, en acajou, avec sac à laines, est supporté par quatre colonnettes dorées ; il est décoré de feuilles de laurier ciselées en bronze doré.

Entre les deux fenêtres :

Une console demi-circulaire en acajou, fond à glace, avec baguettes en cuivre, socle plein, surmonté de deux chimères ailées, vert antique, ceinture ornée de palmettes et fleurons en bronze doré ; le dessus en marbre imitation de mosaïque. (Provient du musée de Versailles.)

Sur cette console :

Un vase Clodion, en porcelaine de Sèvres, fond bleu, décor or, anses à rosaces, sujet peint par Boldisseroni et représentant *la Justice et la Paix*, d'après Regnault (fabrique et décoration de 1863.)

De chaque côté :

Deux gaines, style Empire, ornées de bronze dorés et verts.

Sur ces gaines :

Deux vases en porcelaine de Sèvres, fond bleu lapis, guirlandes de fleurs, socle en bronze doré.

Le lustre Empire suspendu au plafond est richement ciselé :

Seize lumières partent d'un cercle doré, fond bronzé, décoré de sujets appliqués ; lyres et griffons. Au-dessus du cercle, quatre chars antiques traînés par des chevaux. Au milieu, autour de la boucle supportant la tige, des cygnes ; plus haut des femmes tenant des brandons.

Les cristaux sont de Bohême.

Sur le parquet :

Un magnifique tapis de pied en Aubusson velouté de l'époque de Napoléon Ier. Au centre de ce tapis, un grand médaillon rond, au milieu duquel se détachent, sur un fond gris, une lyre et des palmettes jaunes deux tons ; puis quatre encadrements circulaires :

Le premier, à couronnes de feuilles sur fond blanc, listel rouge deux tons :

Le deuxième, à ornements ponceau et feuillages ;

Le troisième à fleurs jaunes sur fond grenat ;

Le quatrième, à couronnes de laurier.

Ce médaillon ainsi composé est entouré de huit palmettes grises et rosaces coloriées sur fond bleu et de huit caissons dont quatre avec le cheval Pegase, les autres ayant comme dessins des instruments de musique et des vases étrusques en grisaille sur fond ponceau et jaune.

Une petite bordure en grisaille, sur fond noir, encadre ces motifs qui sont environnés d'arabesques et de guirlandes de feuilles, sur fond jaune clair, ainsi que de huit compartiments à angles droits dans lesquelles se trouvent des rosaces et des ornements, couleur jaune, sur fond brun.

Aux angles du tapis, de grands caissons, dessins :

Rosaces, palmettes et divers ornements coloriés sur fond gris et vert. Listel lilas et jaune.

Ce tapis mesure 6^{m} 45 de longueur sur 6^{m} 30 de largeur, soit une superficie de près de 40 mètres carrés.

1. Joséphine ne travaillait guère, mais elle avait voulu avoir son métier à Malmaison, comme Marie-Antoinette à Trianon.

SALON DE MUSIQUE

Vaste salle de forme rectangulaire, ornée de piliers en acajou massif, surmonté d'un plafond à bandes bleues étoilées.

La harpe dont Joséphine se servait y est exposée.

Cette harpe(1), en acajou est surmontée de l'aigle impérial et décorée de bronze dorés et ciselés. Elle porte l'inscription suivante : « Cousineau père et fils, luthiers de Sa Majesté l'Impératrice — à Paris.

A droite :

Le bureau de l'Impératrice. Ce meuble, en acajou, est orné de bronzes, richement ciselés. Les pieds sont à griffes et les montants à figure de femmes ailées, vert antique, dessus en granit vert.

A gauche :

Une commode, en acajou et bois d'if, dans laquelle Joséphine renfermait ses bijoux. Des ornements à aigles et victoires rehaussent ce meuble dont le dessus est en marbre griotte d'Italie.

On remarque aussi :

La table à jeu acajou de Napoléon Ier. Pieds à gaine, sabots en cuivre, dessus à volets, drap vert à l'intérieur.

Au plafond :

Trois lampadaires à huit lumières ornés de bronze vert antique.

Sous le premier Empire, cette partie du château avait été aménagée par Bertrand en galerie d'exposition. C'est là que Joséphine avait réuni cette remarquable collection d'œuvres d'art dont une partie fut vendue à l'empereur de Russie.

Ce salon servit aussi de salle de théâtre. On sait que Bonaparte s'intéressait beaucoup à ce genre de distraction.

Du salon de musique, qui forme la dernière pièce de l'aile droite, deux portes avec glace donnent accès dans le parc, la première par un petit pont jeté sur le fossé et la seconde directement, de plain-pied.

On aperçoit également de ce salon la chapelle élevée, en 1846, par la reine Marie-Christine..... Cette chapelle remplaça celle édifiée par l'Impératrice Joséphine et démolie en 1837.

C'est dans ces pièces du rez-de-chaussée que la captivante Joséphine donnait ses nombreuses soirées dont nous citons une très curieuse reconstitution par le Musée Grévin.

Pour visiter les appartements du premier étage, on doit revenir dans la petite pièce ou antichambre située entre le salon doré et la salle de billard. Au fond de cette pièce se trouve une porte donnant sur l'escalier qui conduit aux étages supérieurs.

Ier ÉTAGE

C'est à cet étage que se trouvaient les appartements privés de l'Empereur, de l'Impératrice et de la reine Hortense.

Avant d'arriver à la chambre de l'Impératrice Joséphine — la seule pièce de ses appartements qui jusqu'à ce jour ait été reconstituée et meublée, — on traverse la salle de bains qui, basse de plafond, n'offre d'intérêt qu'au point de vue historique, on pénètre ensuite dans le cabinet de toilette, — le calorifère qu'on y remarque, décoré de deux lions ailés, à tête d'aigles, est de l'époque, — puis on entre dans la chambre à coucher de l'empereur (2). La tenture grise de cette pièce avec alcôve, est surmontée d'une frise ornée de quelques dessins : vases antiques, médaillons. De là, on passe dans la chambre à coucher de l'Impératrice.

1. Joséphine, pas plus qu'elle ne brodait, ne faisait de musique. Elle ne savait qu'un air, péniblement appris, — et c'est pourquoi elle jouait toujours le même.

2. Lors de la reconstition de 1867, l'impératrice Eugénie avait fait placer là le lit de fer sur lequel Napoléon est mort à Sainte-Hélène, une pendule, un fauteuil, provenant de Sainte-Hélène, un portrait du roi de Rome à 4 mois, par Prud'hon, toute une série d'armes, de bibelots, de souvenirs, de vêtements, etc.

CHAMBRE A COUCHER DE L'IMPÉRATRICE JOSÉPHINE

Cette chambre qui, dès l'origine, était de forme carrée fut transformée en rotonde en 1812. Elle a été entièrement reconstituée telle qu'elle était à cette époque, les meubles qui servirent à Joséphine y ont été replacés, elle offre donc, au point de vue de l'histoire, le plus haut intérêt.

Les murs et le plafond sont entièrement recouverts d'une tenture en drap rouge ornée de broderies or, dessins rinceaux. La tenture des murs est divisée en dix parties, celle du plafond en seize.

Le lit placé dans cette pièce est celui sur lequel mourut l'Impératrice Joséphine, le 29 mai 1814. Il est en bois sculpté et doré forme bateau et porte la lettre J. A la tête comme ornements, deux cygnes en bois sculpté, au pied, deux cornes d'abondance.

Le baldaquin également en bois sculpté, peint rechampi or, est de forme ovale. Il est orné de palmettes et de feuilles ; au fronton sur des branches de pavot, un aigle aux ailes déployées.

Les rideaux en mousseline des Indes sont brochés or.

De chaque côté du lit, à droite :

Le lavabo ou saut-de-lit en acajou, socle triangulaire échancré, encadré d'une baguette en bronze doré. Les montants dont les pieds sont à griffes, forment jarret. Dans leurs parties supérieures des sphinx ailés supportent un cercle en bronze doré où se place la cuvette. Entre les montants, une balustre avec tablette en marbre blanc pour recevoir le pot-à-eau sont en porcelaine de Sèvres fond bleu, lapis, décors or et platine :

A gauche :

Le nécessaire de toilette de l'impératrice. Ce meuble très curieux, formé de bois d'if, d'acajou et de houx, est orné d'acier ; il renferme des ustensiles de toilette en nacre et vermeil ainsi qu'une miniature peinte par Vigoureux, représentant Napoléon Ier. Au-dessous de cette miniature sont inscrits les vers suivants :

Il sut redonner à la France
Ses autels, ses mœurs et ses lois.
L'univers connaît sa puissance
Et son génie instruit les rois.

Le devant à abattant comprend une tablette tirante couverte en velours vert brodé or aux chiffres J. N. entrelacés. Sur la plaque de la serrure, on lit : Félix Remond, ébéniste. *Les aciers polis de la manufacture du sieur Schey, faubourg Saint-Denis.*

Ce nécessaire repose sur une table à ouvrage en bois d'if et acajou, incrustations et filets en citronnier, ornements en acier poli. Les objets de toilette sont au nombre de quarante-quatre.

Ce meuble fut offert à Joséphine par la ville de Paris à l'occasion de son couronnement.

Au milieu de la chambre :

Un guéridon en acajou, socle plein triangulaire évidé, montants à balustres dont un au milieu, avec base en bois sculpté et doré, dessus en porphyre rouge, cercle mobile en bronze doré.

Sur ce guéridon :

Une table de lit ou coiffeuse servant de table à écrire en acajou ou érable gris, incrustation bois noir et étain avec chiffres J. B. Les quatre pieds sont à griffes. Dans le milieu, deux volets à coulisse dont un garni d'un miroir (ce miroir a été cassé) avec bordure en bronze ciselé et doré, l'autre formant pupitre, le dessus couvert en maroquin noir à vignettes dorées. A l'intérieur une garniture d'objets composée de vingt-deux pièces, plus deux bras lumière.

Posé sur cette table, une petite glace en forme de cœur, soutenue par deux colonnettes en bronze doré, ayant comme sujets décoratifs des têtes de femme.

Entre les deux fenêtres :

Un meuble en acajou, genre secrétaire, dit : « Bonheur du Jour ». Ce meuble est supporté par deux têtes égyptiennes avec ailes et griffes en bronze doré et vert antique, fond à glace. Le milieu de l'abattant est orné d'un sujet en bronze doré représentant : *Le Char d'Apollon* ; des palmettes et des rosaces également en bronze doré forment l'encadrement.

Sur ce meuble :

Une petite statuette en bronze ciselé, vert antique, servant de veilleuse, représente : *L'Amour se rendant chez Psyché.* Le socle rond doré et émaillé est couleur granit vert.

On remarque sur la cheminée en marbre blanc (les bronzes qui ornaient cette cheminée ont été enlevés) :

Une très jolie statuette de *Minerve assise,* œuvre de G. Frey, en porphyre rouge sauf la tête et les bras qui sont en jade verdâtre.

Cette statuette repose sur un socle en marbre noir sur lequel on lit : « *Optimo principi* ». Ce socle est lui-même placé sur un piédestal en porphyre vert dont les quatre faces sont ornées de plaques ; trois de ces plaques, en vermeil, représentent les embellissements de Rome, la quatrième, en lapis-lazuli, porte en lettres de bronze l'inscription : « *Ex munificencia sexti P. M.* » (Plusieurs lettres manquent.) Aux quatre coins, des petits hiboux tenant des guirlandes de myrthe. Au milieu, un médaillon en bronze doré supporté par deux anges en émail.

De chaque côté de cette statuette :

Deux corbeilles en porcelaine de Saxe, fond blanc et couronnes de fleurs coloriées, monture en bronze ciselé et doré avec balustre supporté par des anses en col de cygne.

Deux flambeaux en bronze ciselé, têtes de femmes comme ornements.

Puis, deux vases forme étrusque en porcelaine de Sèvres, imitation de laque de Chine, fond rouge, décor or, personnages et paysages par Derischweller (fabrication et décoration de 1865.

Devant la cheminée :

Un magnifique écran brodé par Joséphine. La monture acajou est ornée de palmettes, rosaces et guirlandes en cuivre ciselé et doré. Sur l'étoffe de satin blanc est représenté un vase avec bouquet de fleurs coloriées, de chaque côté, un oiseau, plus bas des rosaces et ornements divers. L'encadrement broché soie et or est composé de fleurons et de palmettes.

Comme sièges :

Deux méridiennes et six fauteuils en bois sculpté et doré, couverts en drap rouge ornementé de rosaces, palmettes et la lettre J. en broderie or.

Tapis de pied genre Savonnerie, fabriqué à la manufacture de Beauvais (époque Napoléon 1er.) Au milieu de ce tapis, un cygne sur fond bleu, entouré de lyres rouges.

A la tête du lit, dans le panneau du milieu, sous la tenture, se trouve dissimulée la porte d'un coffre-fort où Joséphine resserrait ses bijoux ainsi que son argent.

Après avoir traversé une pièce sans meuble, qui autrefois, servait d'antichambre, on pénètre dans une vaste salle où sont exposés provisoirement, en attendant leur affectation définitive, plusieurs objets mobiliers dont quelques-uns : le lit, la toilette, la commode et la table de nuit servirent à Hortense de Beauharnais, lors de son séjour à la Malmaison.

Nous donnons ci-après la nomenclature et la description de ces meubles :

Un lit en acajou forme bateau, dont les panneaux sont soutenus par des colonnes droites. Chaque colonne est surmontée d'un chapiteau en bronze doré orné, d'un côté, de deux têtes de bélier, en relief tenant un vase rempli de fruits exotiques ; sur l'autre côté, une torsade formée de cordes et de feuilles de chêne. Au dessus du chapiteau et de la colonne, sur la face du panneau, se trouve une couronne de marguerites, à quatre pétales en bronze doré. Dans le bas, aux deux tiers de la colonne, un cercle de bronze doré sur une base carrée ciselé de feuilles de laurier.

Le bois de lit, sur sa face antérieure, est orné d'un large motif décoratif en bronze doré : *un amour couché s'est endormi sur le gazon, appuyé sur le bras droit au milieu de roseaux, de branches de chêne et de pavots ; à droite, un hibou, oiseau de la nuit.*

Une table de nuit acajou forme carrée ornée de deux colonnes à chapiteau et à pied, en bronze doré.

Dessus en marbre noir, taché de gris. Au milieu de la porte rectangulaire un bronze en forme de trépied supportant un vase d'où s'échappent des nuages de fumée.

Ce vase est orné de deux têtes de bélier et d'une guirlande de fruits.

Une commode acajou, époque Louis XVI, de forme droite, élégante et simple, garnies de bronze doré.

Sur cette commode :

Deux vases jardinière en porcelaine blanche avec rehauts d'or, à anses en pattes de lion. Grande lettre majuscule B au milieu des deux côtés.

Puis une petite glace psyché en acajou, style Empire, de forme hexagonale. Une applique soutient un élégant bougeoir en bronze doré.

Deux jardinières en bois de rose. La caisse de forme ovale garnie de bronze doré est supportée par deux colonnes prenant pied sur une épaisse table d'acajou massif.

Une toilette en acajou massif, supportée par deux colonnes à chapiteau de bronze doré. Dessus en marbre blanc. L'entrée des serrures est formée de deux cygnes aux ailes déployées, tenant en leur bec une draperie avec rubans, la queue des cygnes s'enroulant en forme de feuilles de chêne. Aux angles des tiroirs, au-dessus des colonnes, deux amours debout tirant une flèche.

Sur cette toilette :

Deux vases en porcelaine blanche en forme d'amphores, cerclés de rehauts d'or avec, de chaque côté, une tête de bacchante supportée par des feuilles de vignes et grappes de raisin. Au-dessus de la tête, une corne d'abondance retournée en forme d'anse. La partie supérieure de chaque vase forme deux J se réunissant à l'intérieur du col. Sur le côté, un J doré surmonté de la couronne impériale.

Une petite carafe à liqueurs et douze flûtes à champagne en cristal taillé. Dans le haut de onze flûtes la lettre J gravée avec la couronne impériale, sur la douzième, l'initiale N.

Entre les deux fenêtres :

Le buste de l'impératrice Joséphine, en marbre blanc (hauteur 65 centimètres), par Chinard de Lyon.

Joséphine est représentée en costume d'apparat, décolletée en carré ; tournée de trois quarts, à gauche, la tête est couronnée d'un large et haut diadème en pierres précieuses en forme d'épis de blé, fleuri de marguerites et surmonté de l'étoile symbolique.

Le visage, d'un ovale, régulier, aux traits fins, est encadré d'une épaisse chevelure relevée en torsades.

L'étoffe du corsage est brodée, sur le devant, de larges épis de blé surmontés d'une rangée d'étoiles en ligne droite, que recouvre, en partie, un bijou en forme d'aigle tourné à gauche, les ailes largement déployées. Au-dessous des seins, une écharpe parsemée de grosses abeilles. Cette écharpe entoure le buste et se rattache à l'épaule droite au moyen d'une agrafe ornée de pierres précieuses en forme d'étoiles.

La gaine qui supporte ce marbre a 1 m. 22 centimètres de hauteur. Elle est en marbre gris et blanc, rose par place.

2e ÉTAGE

Le deuxième étage que le public ne visite pas, n'offre d'ailleurs aucun intérêt. Bas de plafond, il se compose d'un certain nombre de pièces qui, au temps de Joséphine, servaient aux invités, aux aides de camp et aux dames d'honneur. La lingerie et la garde-robe de l'Impératrice y étaient aussi installées.

On sait que Joséphine avait la véritable manie du linge, aussi à sa mort trouva-t-on dans les armoires de la Malmaison une quantité incroyable de draps, serviettes, chemises, bas, mouchoirs, etc...

Le Parc

Après avoir parcouru le château, les visiteurs ne manquent pas de faire le tour du parc, réduit aux dimensions les plus strictes.

Si l'on rentre par la porte de droite, on se trouve devant une butte où se cachent sous le lierre deux blocs frustes, emplacement et restes d'une glacière. A gauche, masquée dans un fouillis d'arbustes, une fontaine et son réservoir de pierre. En soulevant une plaque de métal, on aperçoit les conduites d'eau, les vieux robinets de bronze à clavettes...

A l'extrémité de l'allée, à gauche, un kiosque octogonal à deux fenêtres et porte demi-vitrée, au plafond décoré d'N surmontés de la couronne, tapissé de lierre tenace, où l'on accède par trois marches, qui servait quelquefois de cabinet de travail à l'empereur... Par là, sont les jardinets du personnel. Revenant sur ses pas, le promeneur admire un hêtre pourpré superbe, et, par deux marches, descend sur le flanc du château, à l'annexe où fut établie la bibliothèque, séparée du jardin par le fossé que traverse aujourd'hui une passerelle.

Maintenant, se développe l'autre façade du château sur le parc exactement parallèle à celle de la cour d'honneur, mais plus longue, avec la bibliothèque et le salon de musique, à l'alignement et en prolongement de ce côté, tandis que, sur le devant, ils sont en dehors des murs de clôture et des pavillons de la cour d'honneur...

Du vestibule, on franchit le fossé sur un pont de pierre (1) gardé par deux obélisques rouges. Ces deux colonnes furent trouées par les obus dans le combat du 20 octobre 1870 Elles ont été habilement réparées.

La vue est sur la vaste pelouse (2), fameuse par les parties de barre du Premier Consul et d'Hortense, aux beaux jours de Malmaison.

Aujourd'hui, cette pelouse compose à peu près tout le parc, avec la pièce d'eau qui continue à n'être pas courante. Quelques rochers artificiels, où s'enchevêtrent les racines de marronniers géants, une pierre dressée à laquelle s'adossait une pompe et où s'inscrivent aujourd'hui des dates et des petits noms d'amoureux, une pierre émergeant à forme de grenouille sont tout ce qui reste, avec deux petits ponts, de la cascade et de la rivière anglaise où furent jetés à l'eau, qui demeurait trouble, des centaines de mille francs. L'enceinte actuelle (comprise entre les avenues Marmontel, Bonaparte, Vigée-Lebrun et Tuc-Stell) emprunte comme frontière postérieure Ouest un pont de fer jeté sur le ruisseau, non loin du Temple d'Eros, dont la guerre a arraché l'Amour — qui se cache maintenant sous les feuillages d'un autre lot voisin, acheté par le poète Armand Sylvestre, et qui appartient aujourd'hui à Mme Claire Lemaître.

Quelques bancs de pierre permettant de se reposer sous de beaux arbres, marronniers, fresnes, charmes, peupliers d'Italie et de Virginie, platanes, vernis du Japon, acacias qui ont survécu à la mitraille, dont ils portent encore les traces dans leurs troncs éclatés, dont plus d'un a prêté son ombre plus que séculaire à ces prodigieux passants de notre Histoire. Ces bancs ont été improvisés avec des pierres provenant de la laiterie, qu'a fait raser M. Osiris.

En continuant de tourner, on rencontre un cèdre majestueux planté par Joséphine. Naguère, une plaque commémorative certifiait la date.

Voici la chapelle gothique élevée par Marie-Christine, où l'on se rendait par un couloir, en franchissant la passerelle de la galerie. Au dessus du portail, de chaque côté du tympan, sculptés en reliefs, se montrent le lion, le taureau, l'aigle ailé et l'ange portant les évangiles. Plus haut, au-dessus de la rosace et sous le clocheton central de la façade, les armes d'Espagne et les initiales de Marie-Christine, M. C. A l'intérieur, sur un autel de bois, un christ sur croix en cristal de roche, qui aurait été donné par le pape à Marie Christine. Ce ne doit pas être la pièce authentique. Cela semble plutôt en verre simple. Sur les parois, sont peintes les armes de France et d'Espagne. Il y a, derrière l'autel, de petits vitraux, ou fragments de vitraux curieux qui pourraient être anciens. Cette vérification reste à faire. Divers objets sans valeur, lanterne de procession et stalles, sont des dons du chanoine Rosenberg, provenant de la *Lumière Eternelle.*

1. Ce pont a été refait en 1830 ; la date est marquée dans la pierre.

2. Une statue du *Printemps*, un moulage de plâtre, hissé sur un tronc d'arbre, provient peut-être de la façade.
Cette pelouse était plane avant les terrassements à l'anglaise et le creusement de la rivière. Ce terrain a encore été remanié, par un jardinier paysagiste de M. Osiris.

Peu après la chapelle, une allée de lauriers récente conduit à une grille condamnée par le lotissement au socle de pierre (1) qui, avant la guerre, portait la trace d'un pied et un aigle de bronze, avec cette inscription :

DERNIER PAS DE NAPOLÉON
PARTANT POUR ROCHEFORT
LE 29 JUIN 1815
A QUATRE HEURES DE L'APRÈS-MIDI.

Cette borne a été transplantée ; elle se trouvait plus à droite, où Hortense l'avait fait installer, à l'intention de Napoléon qui s'en aidait pour monter à cheval...

Et l'on se répète la strophe de Lamartine :

Depuis les deux grands noms qu'un siècle au siècle annonce,
Jamais nom qu'ici bas toute langue prononce,
Sur l'aile de la foudre aussi loin ne vola.
Jamais d'aucun mortel le pied qu'un souffle, efface,
N'imprima sur la terre une plus forte trace
Et ce pied s'est arrêté là...

JEAN AJALBERT,
Conservateur du Château de la Malmaison.

ERNEST DUMONTHIER,
Conservateur des Monuments de Paris.

1. Cette pierre où l'on voit les trous de scellement des fers qui portaient l'aigle a 0m, 68 de long, 0m, 68 de large et 0m, 31 de haut.

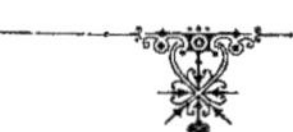

TABLE DES MATIÈRES

Texte historique et anecdotique. — Visite intérieure et description de l'ameublement.

Table des Planches

Documents rétrospectifs

1. La Malmaison du temps de l'Empereur. — Château de la Malmaison.
2. Vue du Temple de l'Amour.
3. Vue de la Bibliothèque.

Parc

1. Entrée principale.
2. Façade principale du château.
3. Façade, côté du parc.
4. Pavillon de l'Empereur.
5. Vue du parc avoisinant le château.
6. Le Cèdre planté par l'Impératrice.
7. Le Ruisseau du Parc.
8. Le Temple de l'Amour au bord du ruisseau.
9. Le Temple de l'Amour, côté du bois.
10. Le Bois.
11. Les Ecuries.
12. La Pierre indiquant le dernier endroit touché par le pied de l'Empereur, en 1815.
13. Chapelle.

Vestibule

1. Vue générale.

Salle à manger

1. Vue d'ensemble.
2. Panneaux et porte.
3. Panneaux.
4. Panneaux.
5. Panneaux.
6. Panneaux.
7. Panneaux et fontaine.
8. Pièces du surtout de table.
9. d°
10. d°
11. d°
12. d°

Salle du Conseil

1. Vue d'ensemble.
2. Fauteuil de l'Empereur.
   H. 1 m., larg. 0.70, prof. 0.60.
   Fauteuil.
   H. 0.96, larg. 0.60, prof. 0.55.
3. Chaise.
   H. 0.90, larg. 0.47, prof. 0.43.
   Tabouret.
   H. 0 52, larg. 0.67, prof. 0.48.
4. Lampe, applique et vase.
5. Panneaux.
6. Idem.
7. Secrétaire coffre-fort.
   H. 1.45, larg. 1.08, prof. 0.47.
8. Détails du coffre-fort.

Bibliothèque

1. Vue d'ensemble.
2. Bureau de l'Empereur.
   H., 0.88, long. 1.87, prof. 0.83.
3. Bureau de l'Empereur.
4. Profil du bureau et Boite aux lettres de l'Empereur.
   H. 0.60, long. 0.46, larg. 0.22.
5. Encrier du bureau et détails.
   H. 0.22, long. 0.38, larg 0.22.
6. Fauteuil de l'Empereur.
   H. 1.03, larg. 0.66, prof. 0.60.
7. Baromètre.

Salle de Billard

1. Vue d'ensemble.

Grand Salon

1. Vue d'ensemble, côté gauche.
2. Vue d'ensemble, côté droit.
3. Porte.
4. Fauteuil.
   H. 0.94, larg. 0.57, prof. 0.51.
   Chaise.
   H. 0.90, larg. 0.47, prof. 0.42.
5. Canapé.
   H. 0.96, long. 1.04, prof. 0.58.
   Tabouret.
   H. 0.21, long. 0.43, prof. 0.35.
6. Candélabre.
   H. 0.95.
7. Chenet.
   H. 0.36, long. 0.38.
8. Table de milieu.
   H. 0.86, diam. 1.19.
9. Détails de la table.
   H. 0.09, long. 0.26.
10. Détails de la table.
11. Vases et flambeau.
12. Vases de la cheminée.
13. Gaînes et détails.
    H. 1.17, larg. 0.30.
14. Métier de l'Impératrice et détails.
15. Table à ouvrage.
    H. 0.74, l. 0.58, p. 0.37.
16. Panneau.
17. Panneau.
18. Panneau.
19. Lustre.

Salon de Musique

1. Vue d'ensemble.
2. Harpe.
3. Détails de la harpe.
4. Gaîne et détails.
5. Détails de la décoration.
6. Secrétaire et détails.
   H. 1.52, larg. 1.12, prof. 0.50.
7. Détails du secrétaire.
8. Bureau et détails.
   H. 0.92, long. 1.02, prof. 0.58.
9. Détails du bureau.
10. Secrétaire et détails.
    H. 0.92, larg. 1.15, prof. 0.51.
11. Secrétaire.
    H. 0.98, larg. 1.37, prof. 0.64.
12. Lustre et détails.
13. Guéridon en mosaïque.

Cabinet de Toilette

1. Vue d'ensemble.
2. Décorations murales. Poêle.

Salle de Bains

1. Vue d'ensemble.
2. Décoration murale. Porte.

Chambre à coucher de l'Empereur

1. Vue générale.

Chambre à coucher de l'Impératrice

1. Vue d'ensemble, côté lit.
2. Vue d'ensemble, côté cheminée.
3. Détail du lit.
   Hauteur du cygne 1.20, Hauteur de la corne d'abondance 0.78.
4. Lit.
5. Canapé.
   H. 0.90, long. 1.05, prof. 0.55.
   Fauteuil.
   H. 0.95, larg. 0.64, prof. 0.55.
6. Table nécessaire de toilette de l'Empereur.
   H. 0.87, long. 0.40, larg. 0.35.
   Ecran.
   H. 1.23, larg. 0.78.
7. Secrétaire et veilleuse.
   H. 1.28, larg. 0.71, prof. 0.37.
8. Statue de Minerve.
9. Décoration des patères.
   Guéridon.
   H. 0.80, diam. 0.80.
10. Glace du guéridon. Chenets.
11. Lavabo, saut-de-lit.
    H. 0.89, diam. cuvette 0.35.
12. Détails du lavabo, saut de lit.
13. Détails du secrétaire.
14. Intérieur du nécessaire de toilette.

Chambre à coucher de la Reine Hortense

1. Lit et détails.
2. Toilette.
   H. 1.96, larg. 0.81, prof. 0.47.
3. Table de nuit.
   H. 0.85, larg. 0.81, prof. 0.47.
   Jardinière.
   H. 0.85, larg. 0.55.
4. Vue d'ensemble.

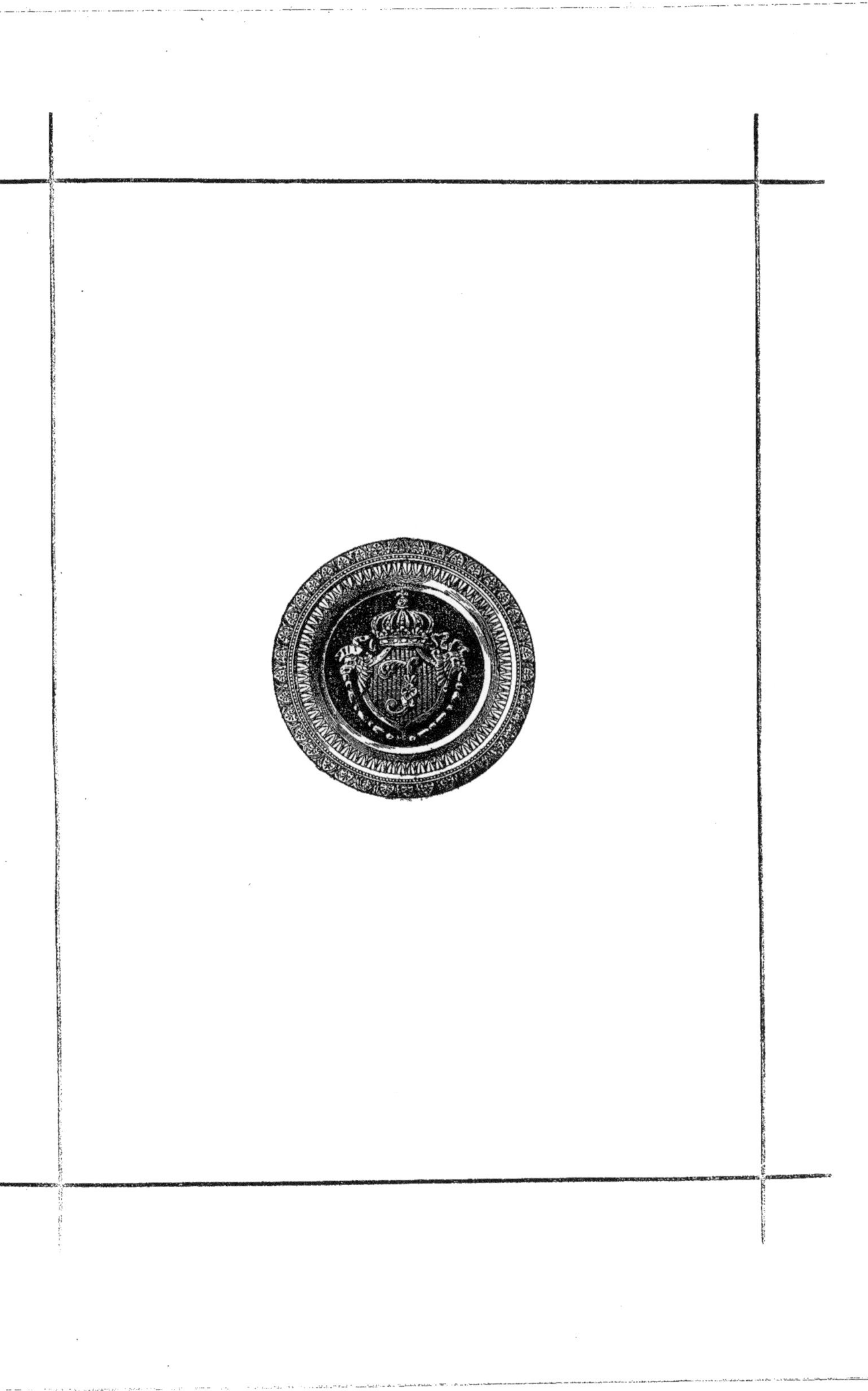

HÉLIOTYPIE E. LE DELEY

CLICHÉS

DU

" Vieux Paris Artistique "

IMPRIMERIE J. CASTANET

Testard del

LA MALMAISON
du temps de l'Empereur.

CHATEAU DE LA MALMAISON

Vue du Temple de l'Amour

CH. FOULARD, PARIS

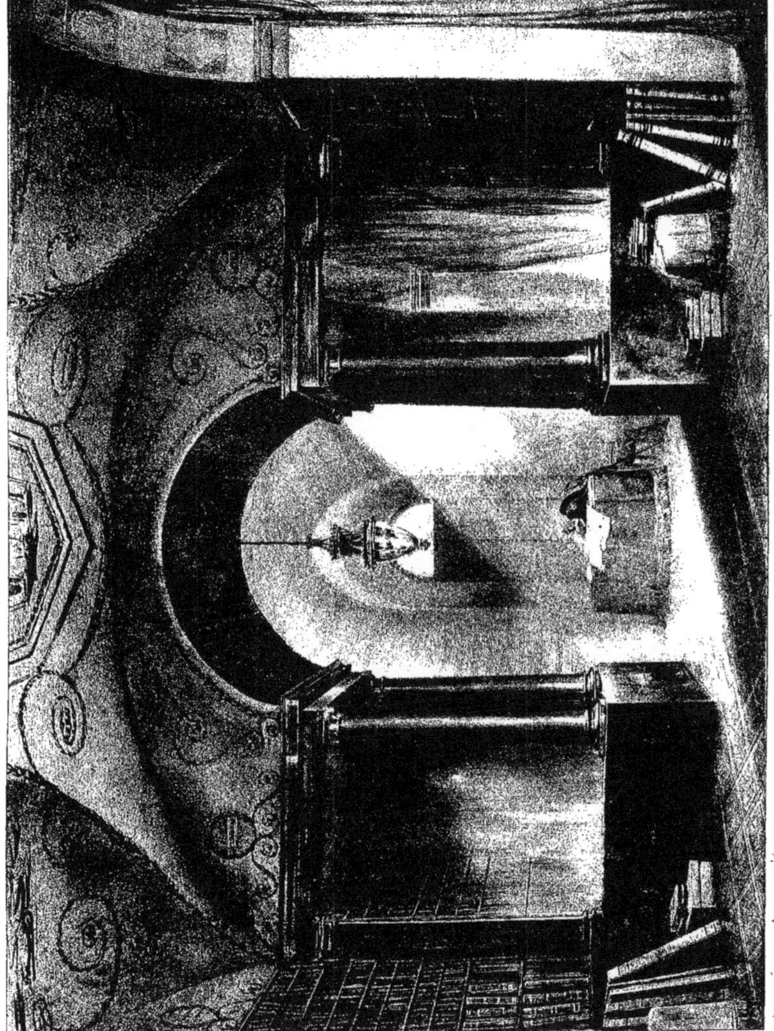

Vue de la Bibliothèque

CH. FOULARD, PARIS

ENTRÉE PRINCIPALE

CH. FOULARD, PARIS

FAÇADE PRINCIPALE DU CHATEAU

CH. FOULARD, PARIS

Pl. 3.

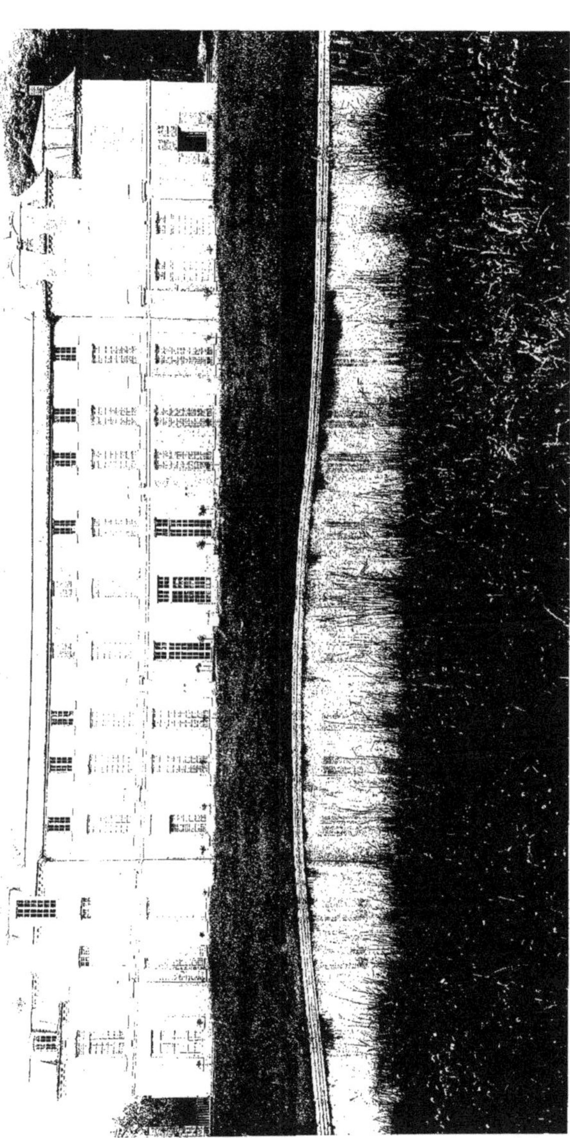

FAÇADE DU CHATEAU, COTÉ DU PARC

CH. FOULARD, PARIS

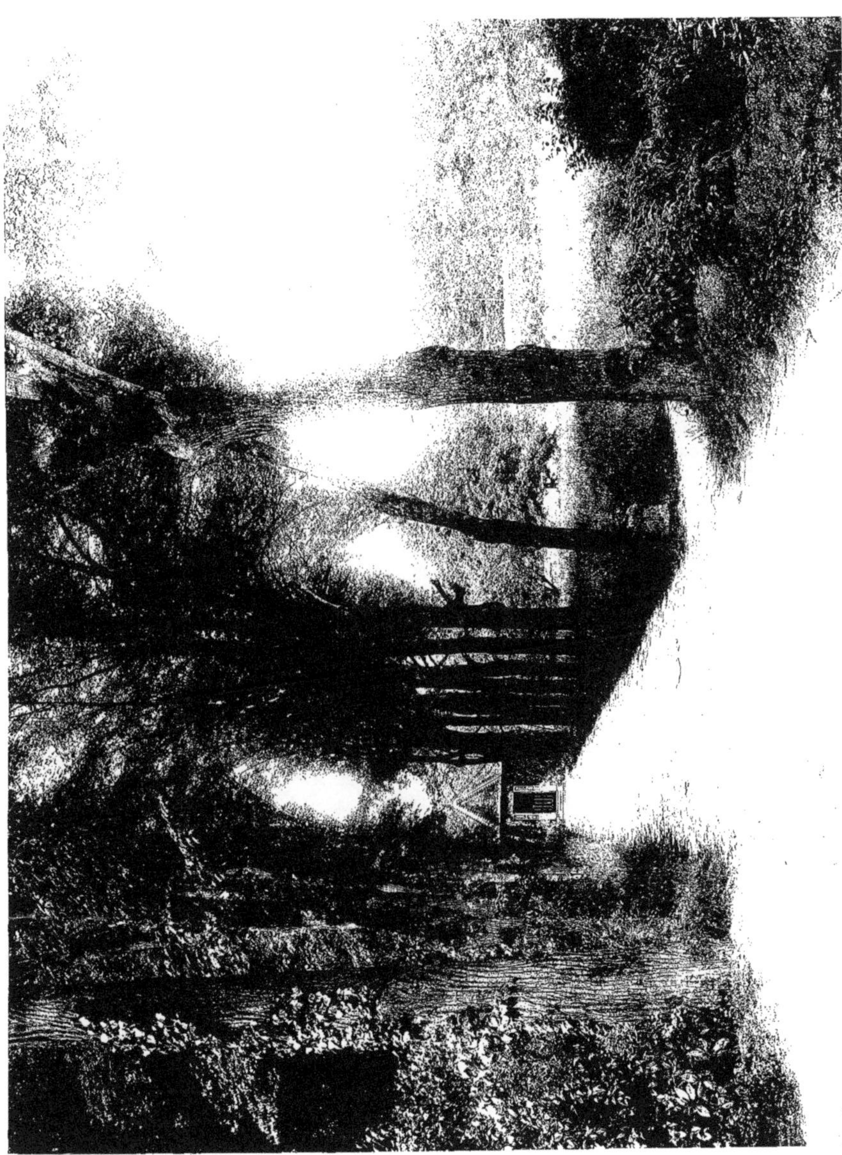

GRANDE ALLÉE ET PAVILLON DE L'EMPEREUR

CH. FOULARD, PARIS

VUE DU PARC AVOISINANT LE CHATEAU

CH. FOULARD, PARIS

LE CÈDRE PLANTÉ PAR L'IMPÉRATRICE, LE JOUR DE LA VICTOIRE DE MARENGO

CH. FOULARD, PARIS

LE RUISSEAU DU PARC

CH. FOULARD, PARIS

LE TEMPLE DE L'AMOUR, AU BORD DU RUISSEAU

CH. FOULARD, PARIS

LE TEMPLE DE L'AMOUR, COTÉ DU BOIS

CH. FOULARD, PARIS

LE BOIS

CH. FOULARD, PARIS

LES ÉCURIES DE L'IMPÉRATRICE

CH. FOULARD PARIS

LA PIERRE INDIQUE LE DERNIER ENDROIT TOUCHÉ PAR LE PIED DE L'EMPEREUR EN 1815

CH. FOULARD, PARIS

CHAPELLE

CH. FOULARD, PARIS

VUE D'ENSEMBLE

CH. FOULARD, PARIS

VUE D'ENSEMBLE

CH. FOULARD, PARIS

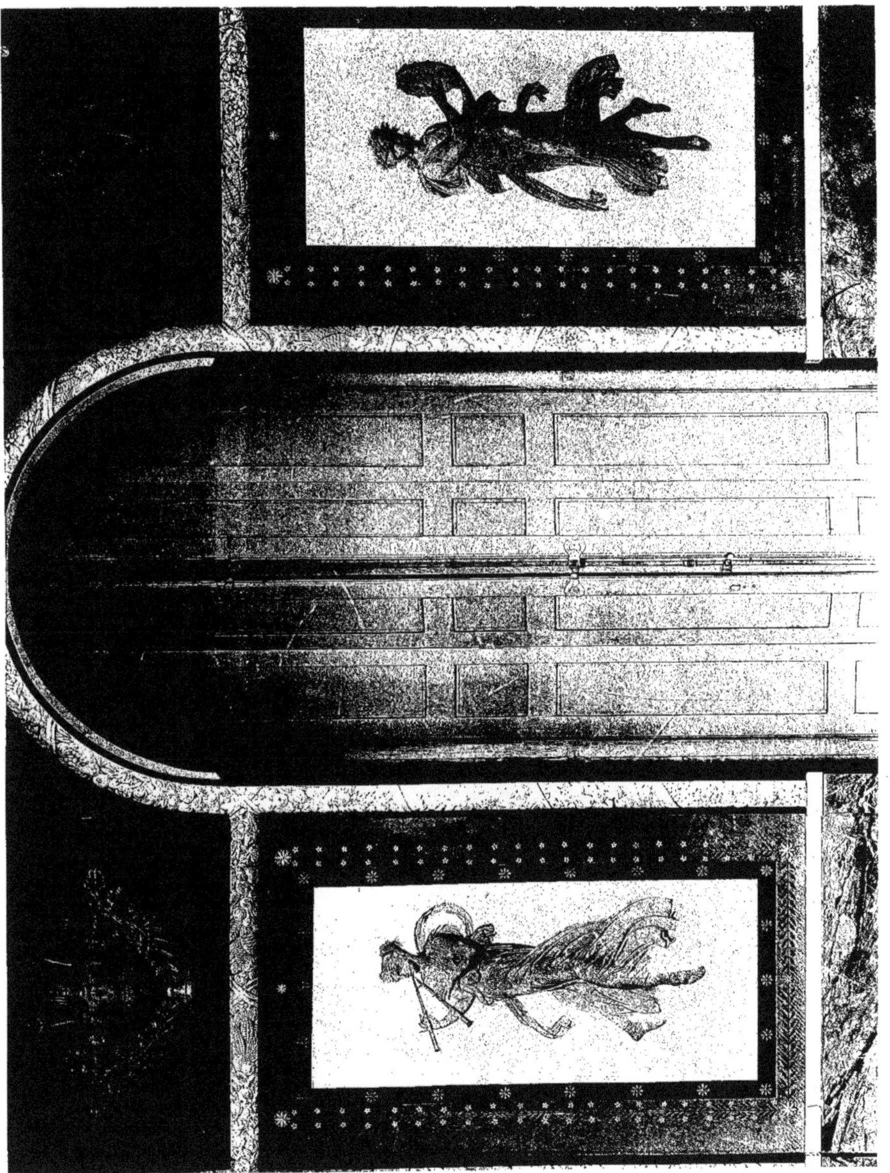

PANNEAUX ET PORTE

CH. FOULARD, PARIS

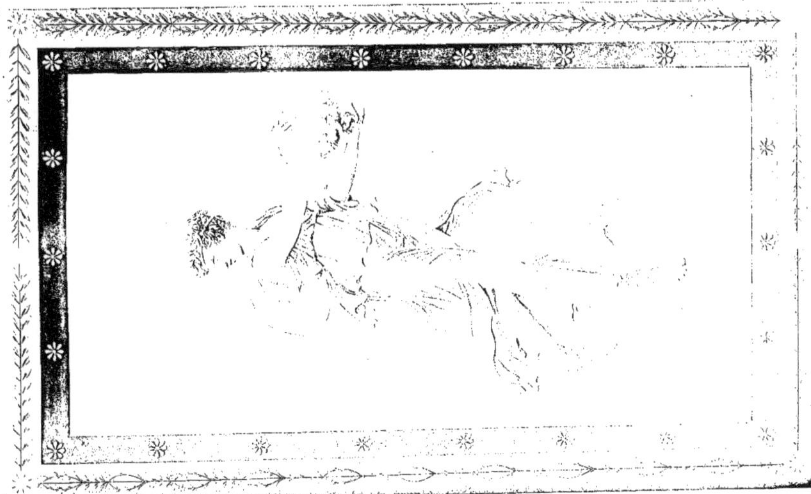

PANNEAUX DE PRUDHON

CH. FOULARD, PARIS

SUITE DES PANNEAUX

CH. FOULARD, PARIS

PANNEAUX

CH. FOULARD, PARIS

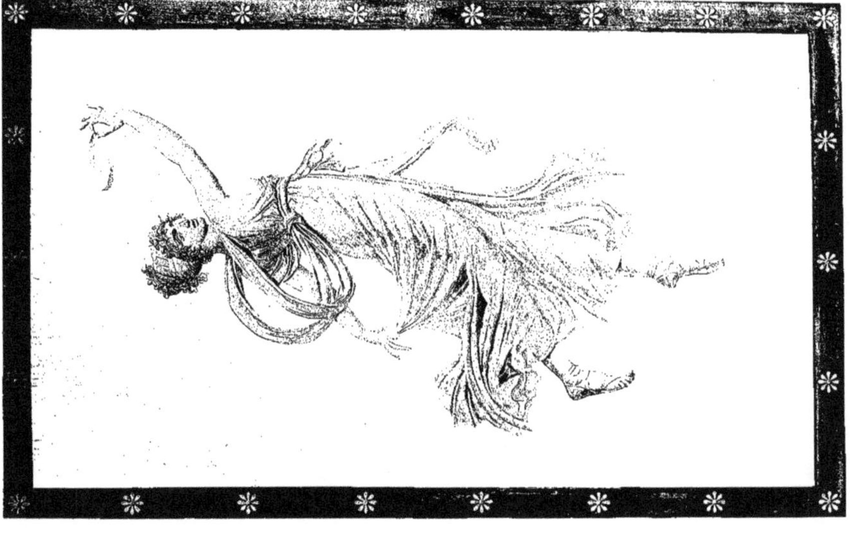

PANNEAUX

CH. FOULARD, PARIS

PANNEAUX ET FONTAINE

CH. FOULARD, PARIS

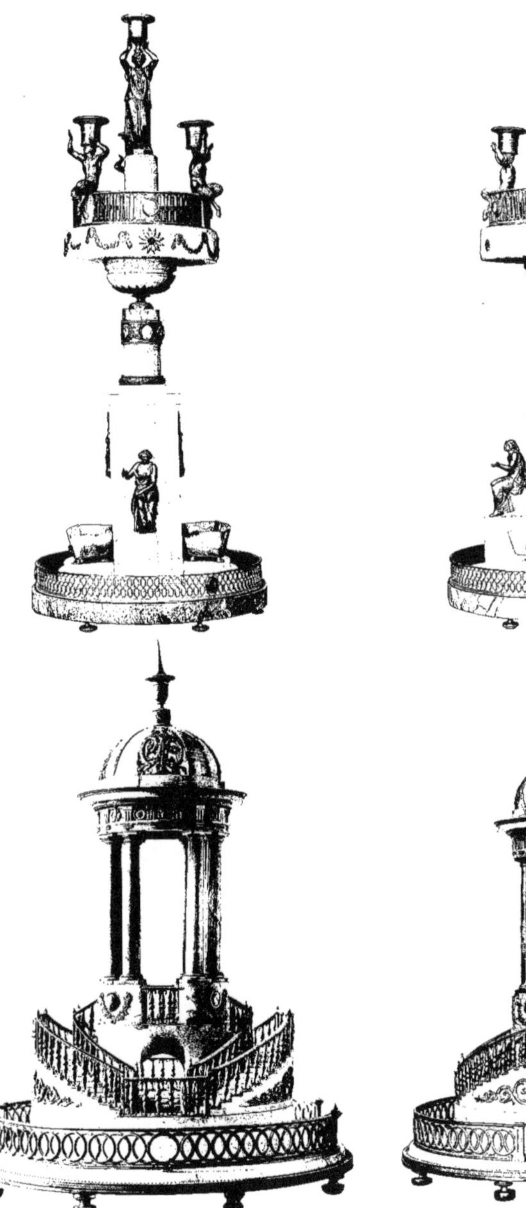

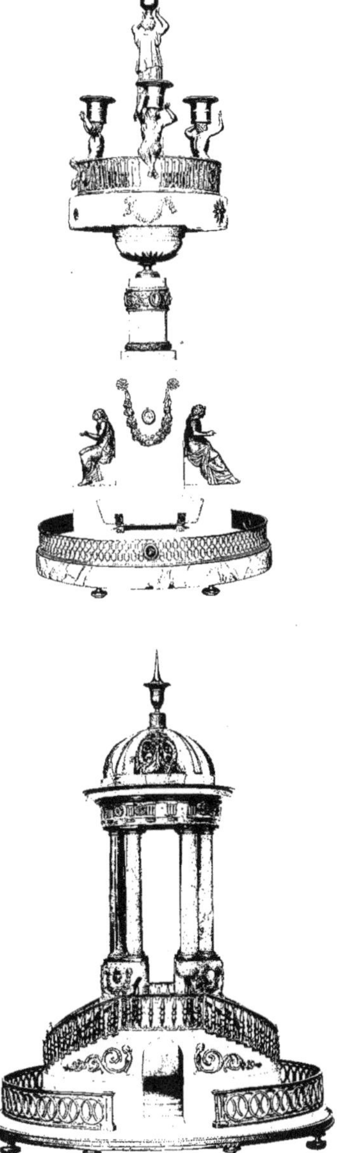

PIÈCES DU SURTOUT

CH. FOULARD, PARIS

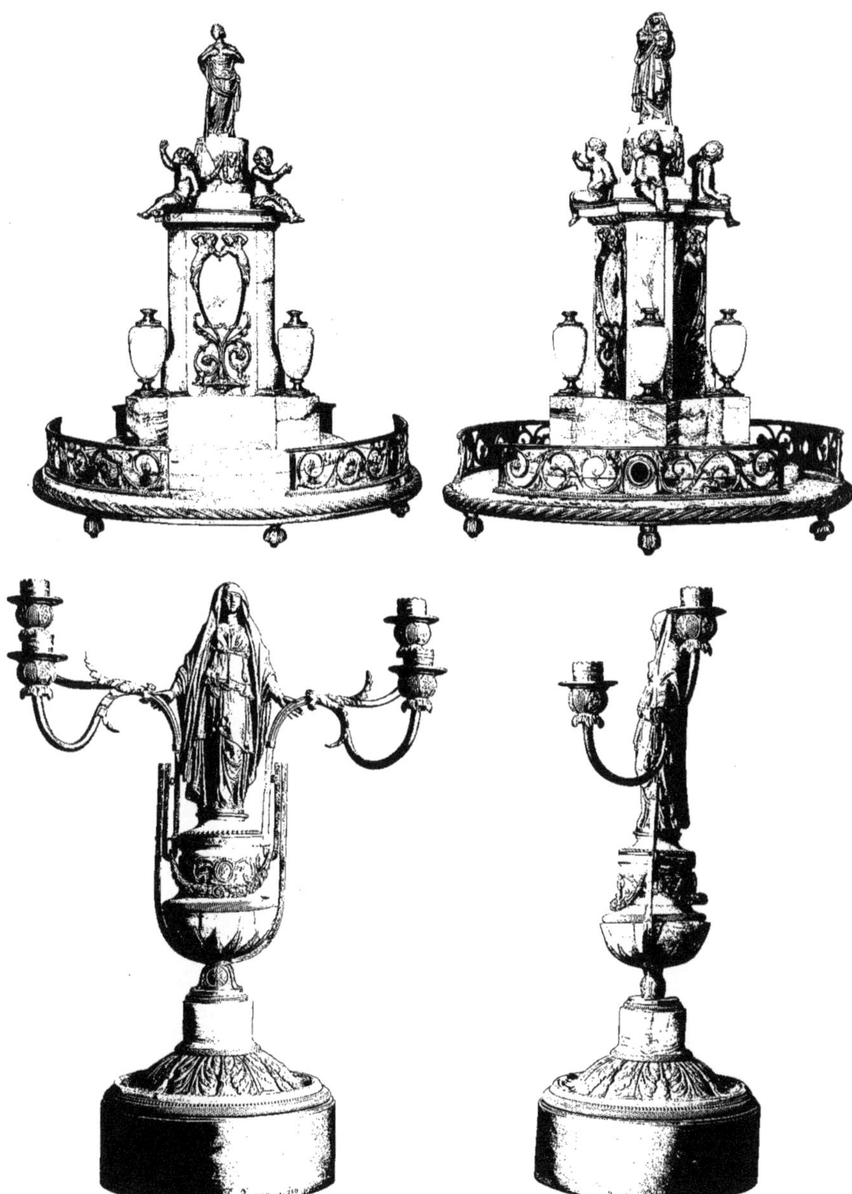

PIÈCES DU SURTOUT DE TABLE

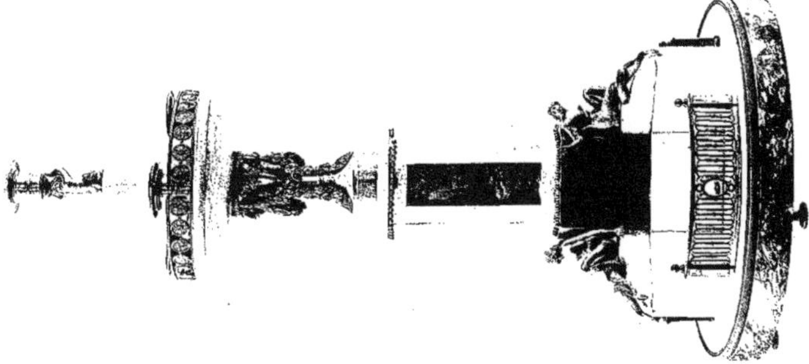

PIÈCES DU SURTOUT DE TABLE

CH. FOULARD, PARIS

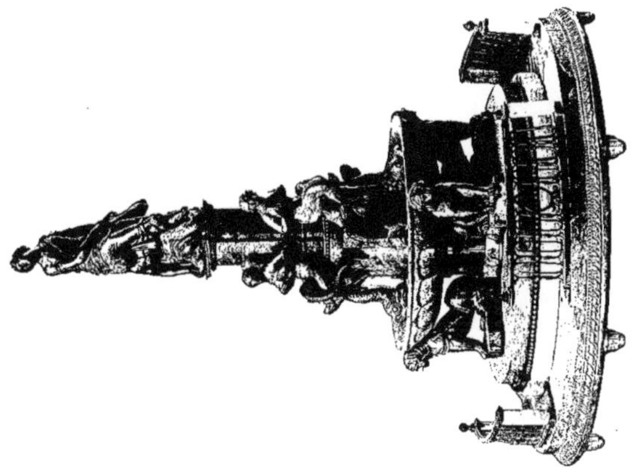

PIÈCES DU SURTOUT DE TABLE

CH. FOULARD, PARIS

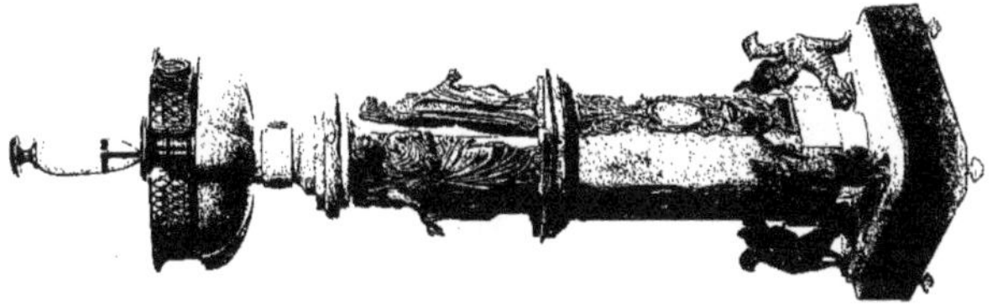

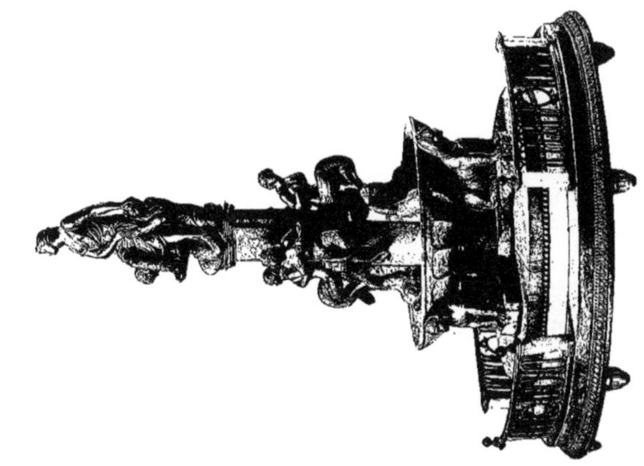

PIÈCES DU SURTOUT DE TABLE

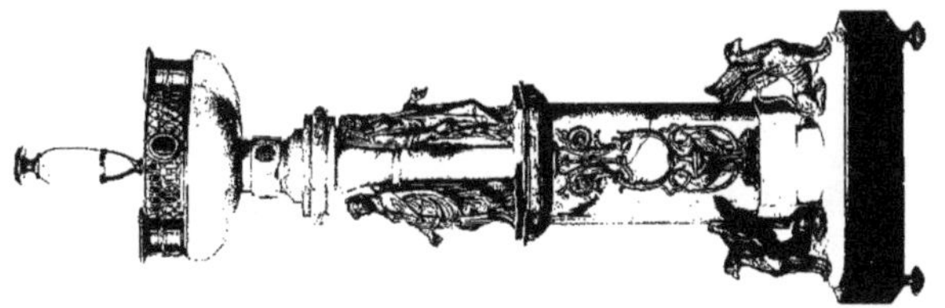

CH. FOULARD, PARIS

VUE D'ENSEMBLE

CH. FOULARD, PARIS

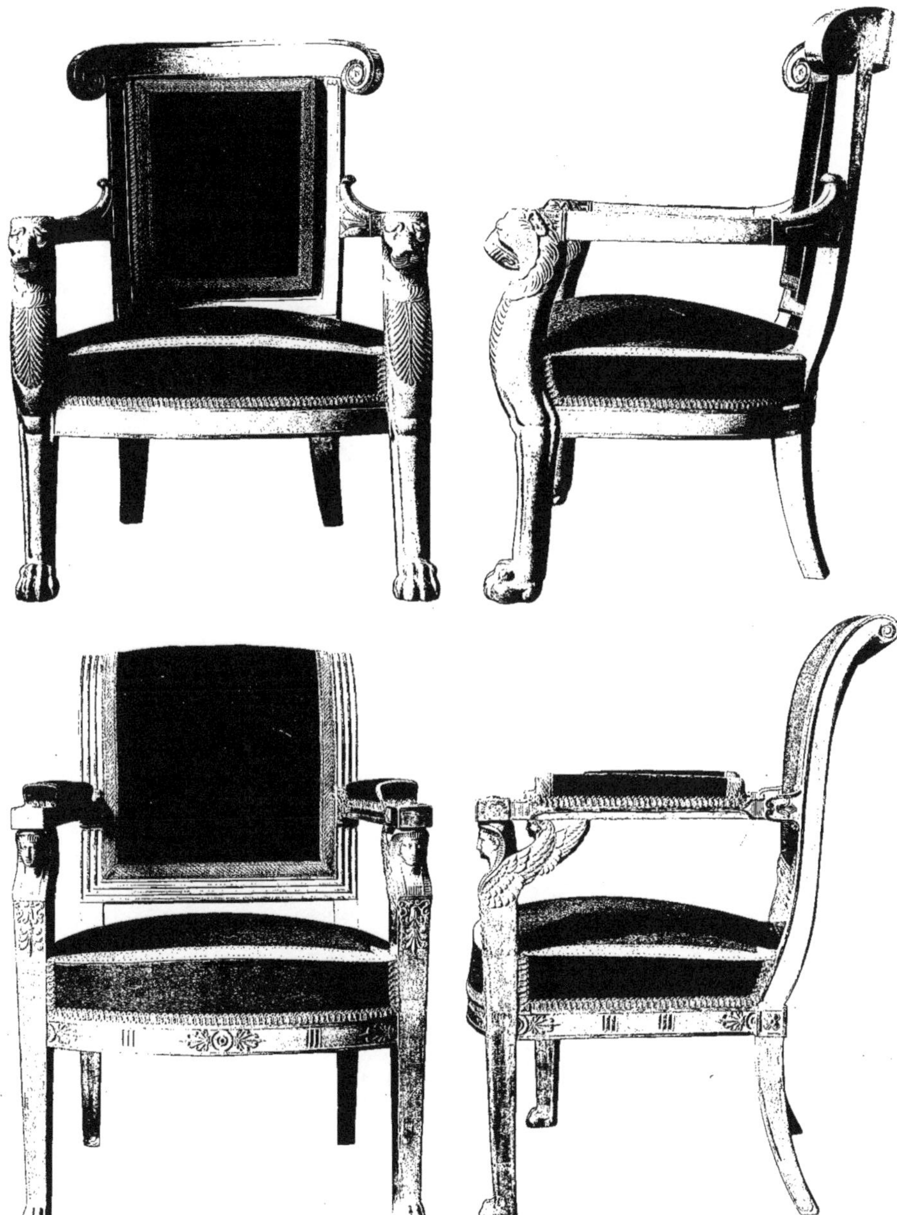

FAUTEUIL DE L'EMPEREUR

FAUTEUILS

CH. FOULARD, PARIS

CHAISES ET TABOURETS

CH. FOULARD, PARIS

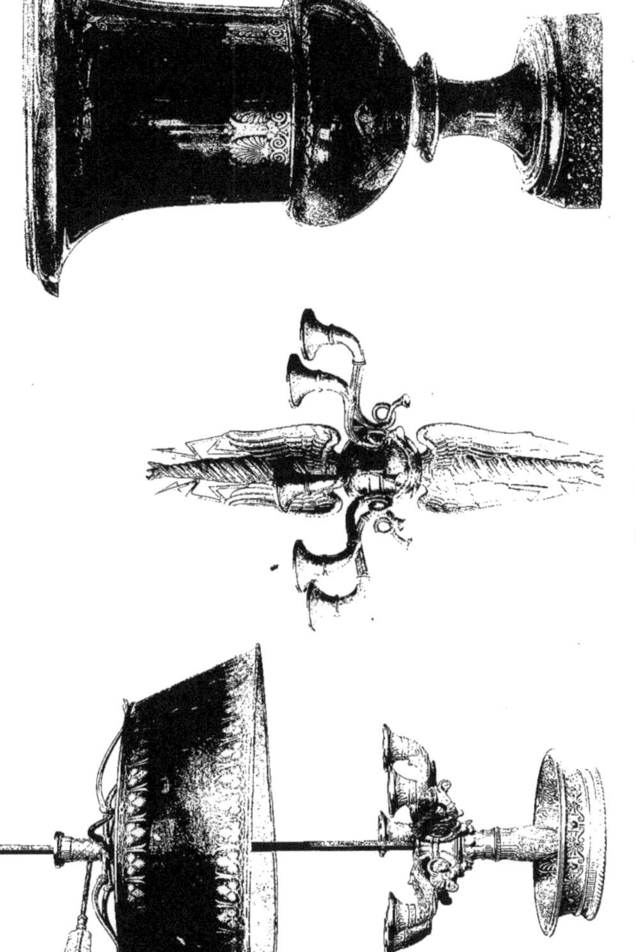

LAMPE, APPLIQUE ET VASE

CH. FOULARD, PARIS

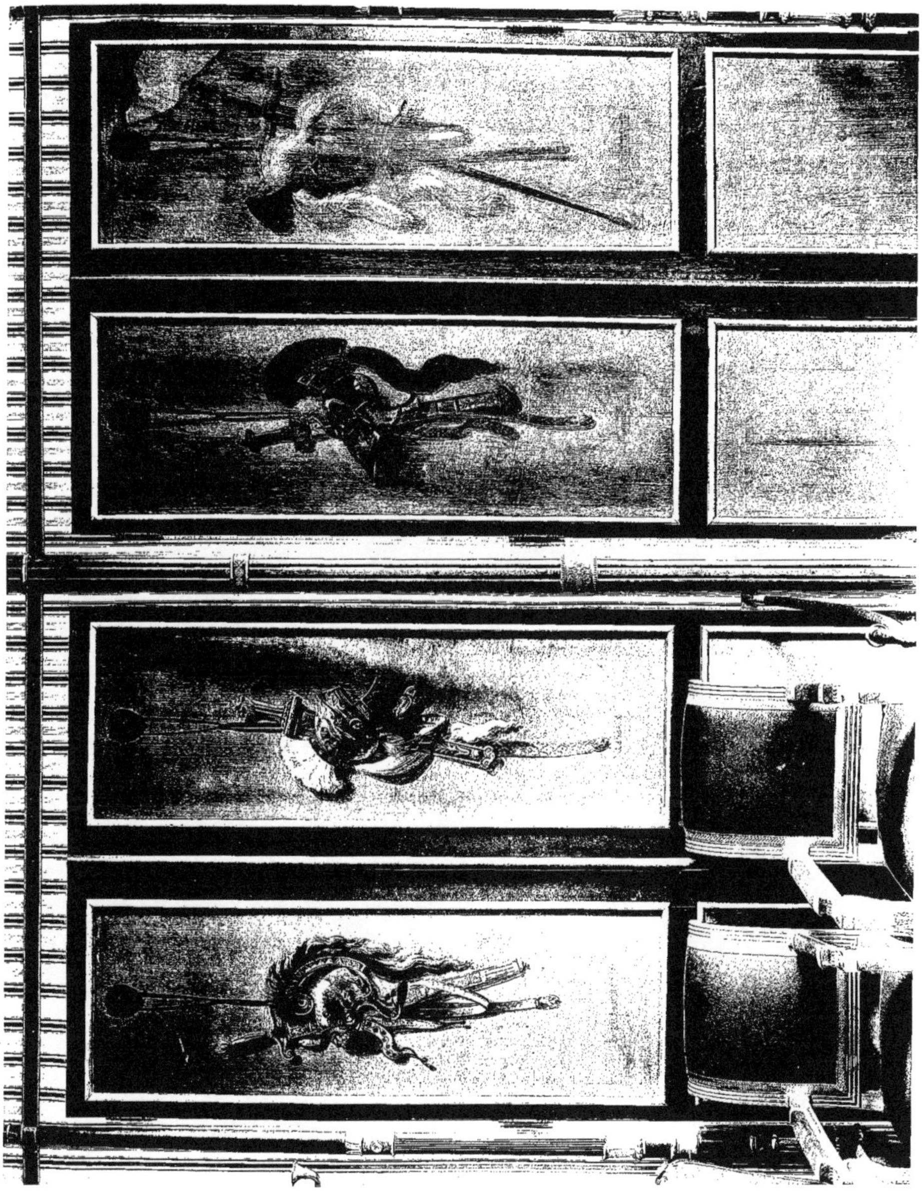

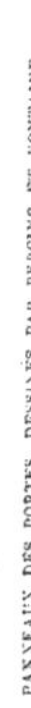

PANNEAUX DES PORTES, DESSINÉS PAR PERCIER ET FONTAINE

CH. FOULARD, PARIS

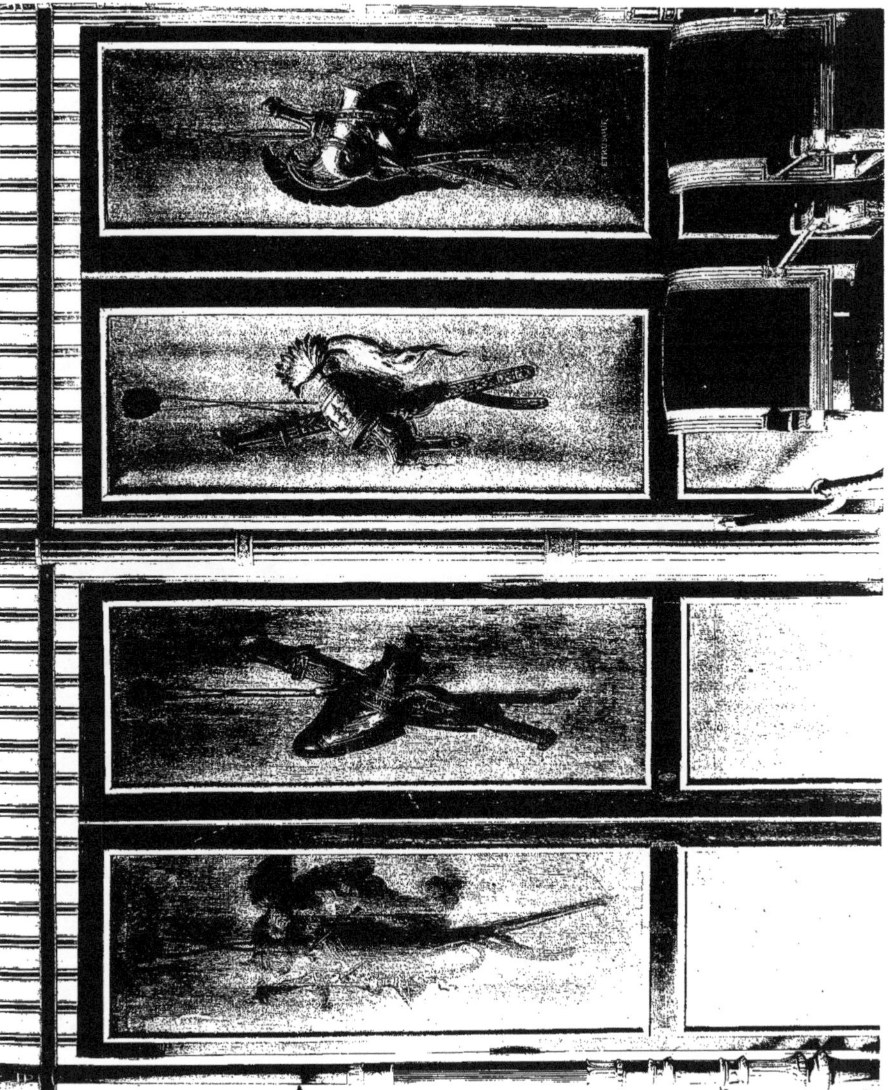

PANNEAUX DES PORTES, DESSINÉS PAR PERCIER ET FONTAINE

CH. FOULARD, PARIS

SECRÉTAIRE - COFFRE-FORT

DÉTAILS DU SECRÉTAIRE - COFFRE-FORT

CH. FOULARD, PARIS

VUE D'ENSEMBLE

CH. FOULARD, PARIS

BUREAU DE L'EMPEREUR NAPOLÉON Ier

CH. FOULARD, PARIS

BUREAU DE L'EMPEREUR NAPOLÉON Ier

CH. FOULARD, PARIS

PROFIL DU BUREAU ET BOITE AUX LETTRES DE L'EMPEREUR

CH. FOULARD, PARIS

ENCRIER DU BUREAU DE L'EMPEREUR ET DÉTAILS

CH. FOULARD, PARIS

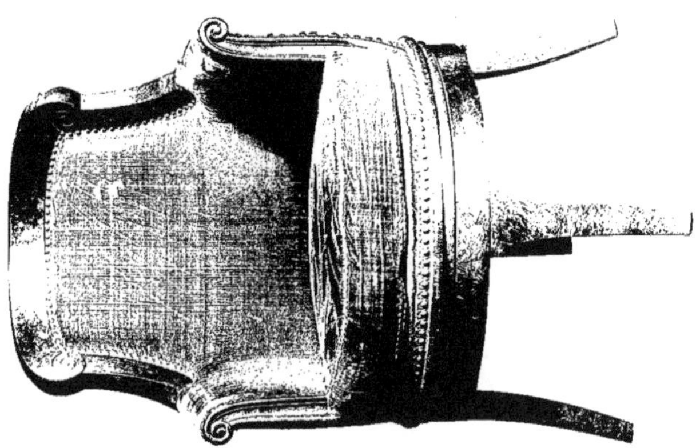

FAUTEUIL DE L'EMPEREUR

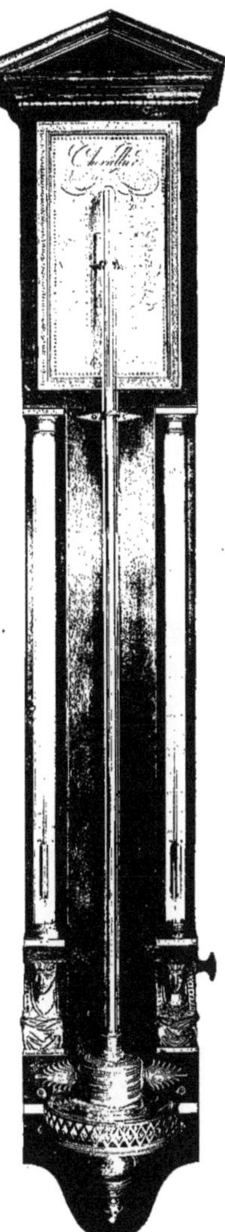

BAROMÈTRE DE L'EMPEREUR

CH. FOULARD, PARIS

VUE D'ENSEMBLE

CH. FOULARD, PARIS

VUE D'ENSEMBLE, CÔTÉ GAUCHE

CH. FOULARD, PARIS

VUE D'ENSEMBLE, CÔTÉ DROIT

CH. FOULARD, PARIS

PORTE

CH. FOULARD, PARIS

FAUTEUIL ET CHAISE

CH. FOULARD, PARIS

CANAPÉ ET TABOURET

CH. FOULARD, PARIS

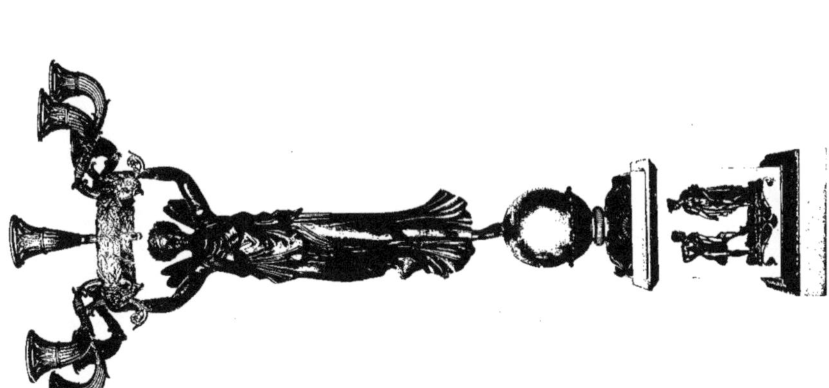

CANDÉLABRE

CHENETS

CH. FOULARD, PARIS

TABLE DE MILIEU

CH. FOULARD, PARIS

DÉTAILS DE LA TABLE

DÉTAILS DE LA TABLE

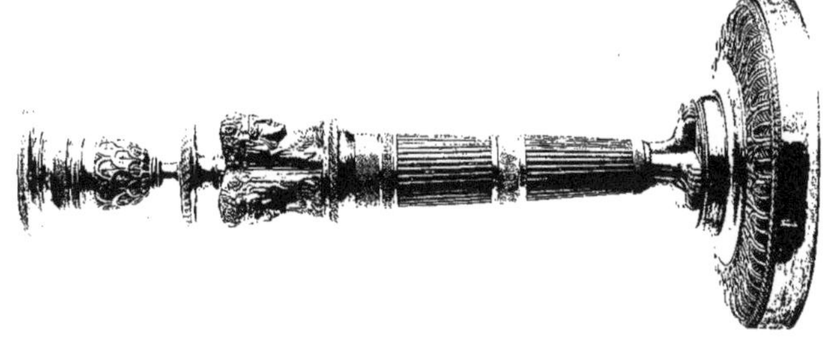

VASES ET FLAMBEAU

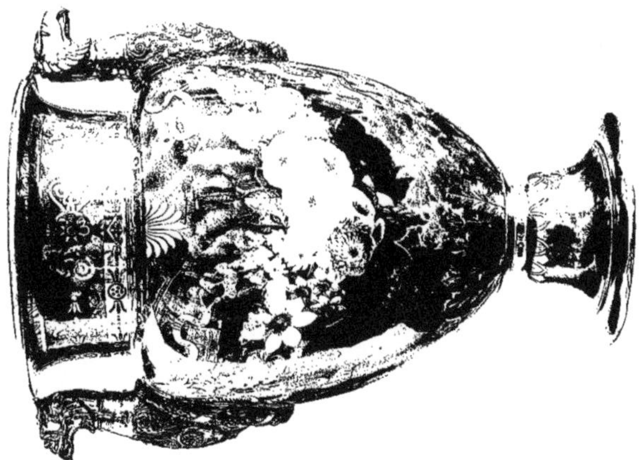

CH. FOULARD, PARIS

VASES DE LA CHEMINÉE

CH. FOULARD, PARIS

GAINES ET DÉTAILS

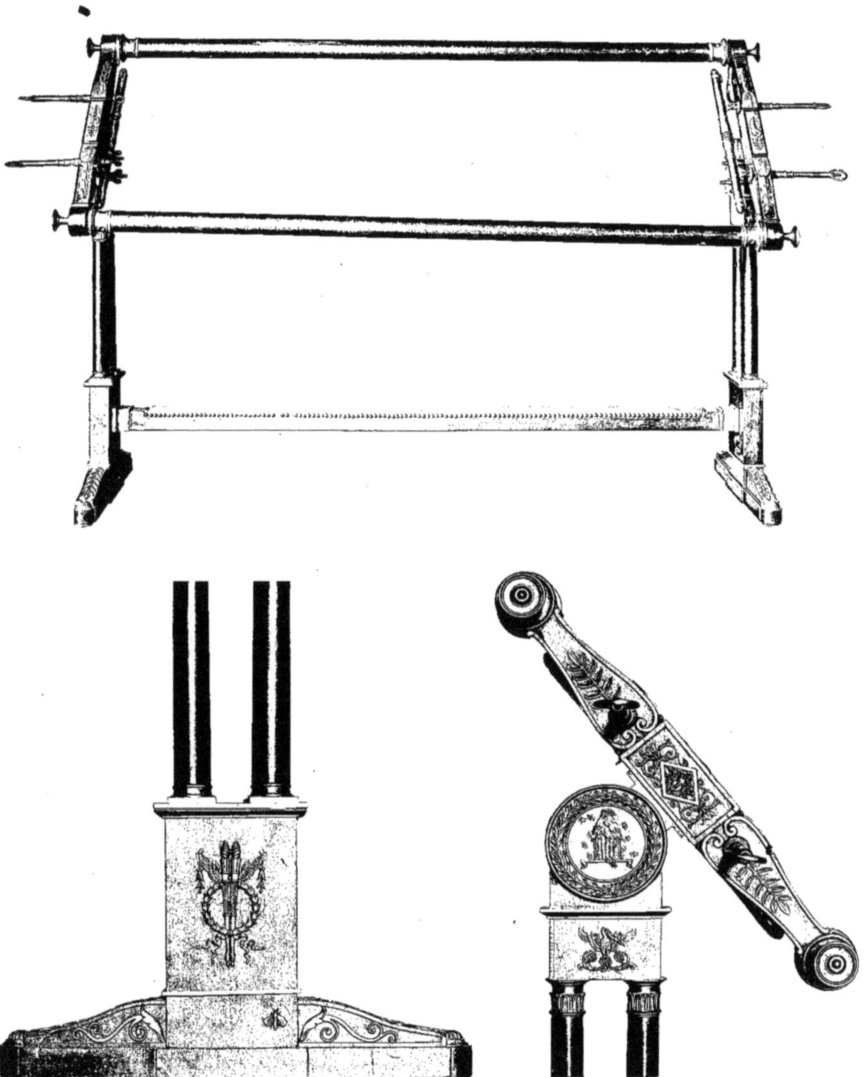

MÉTIER DE L'IMPÉRATRICE JOSÉPHINE, ET DÉTAILS

CH. FOULARD, PARIS

TABLE A OUVRAGE DE L'IMPÉRATRICE

CH. FOULARD, PARIS

CH. FOULARD, PARIS

PANNEAUX

CH. FOULARD, PARIS

CH. FOULARD, PARIS

LUSTRE

CH. FOULARD, PARIS

VUE D'ENSEMBLE

CH. FOULARD, PARIS

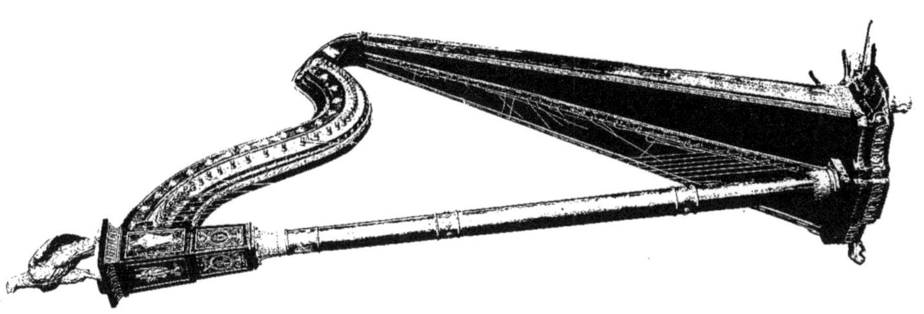

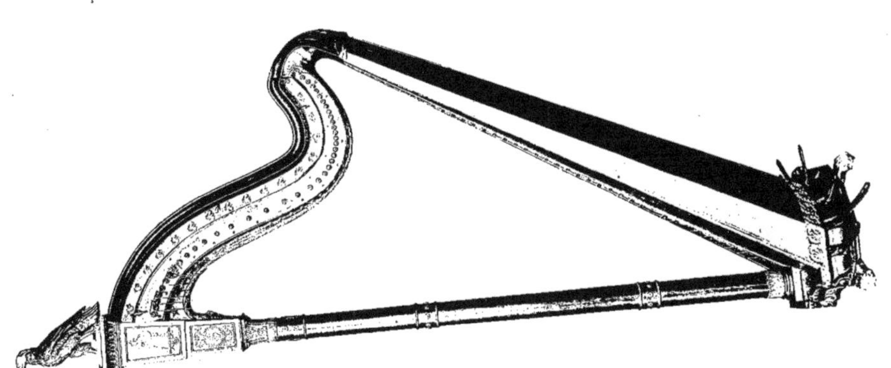

HARPE

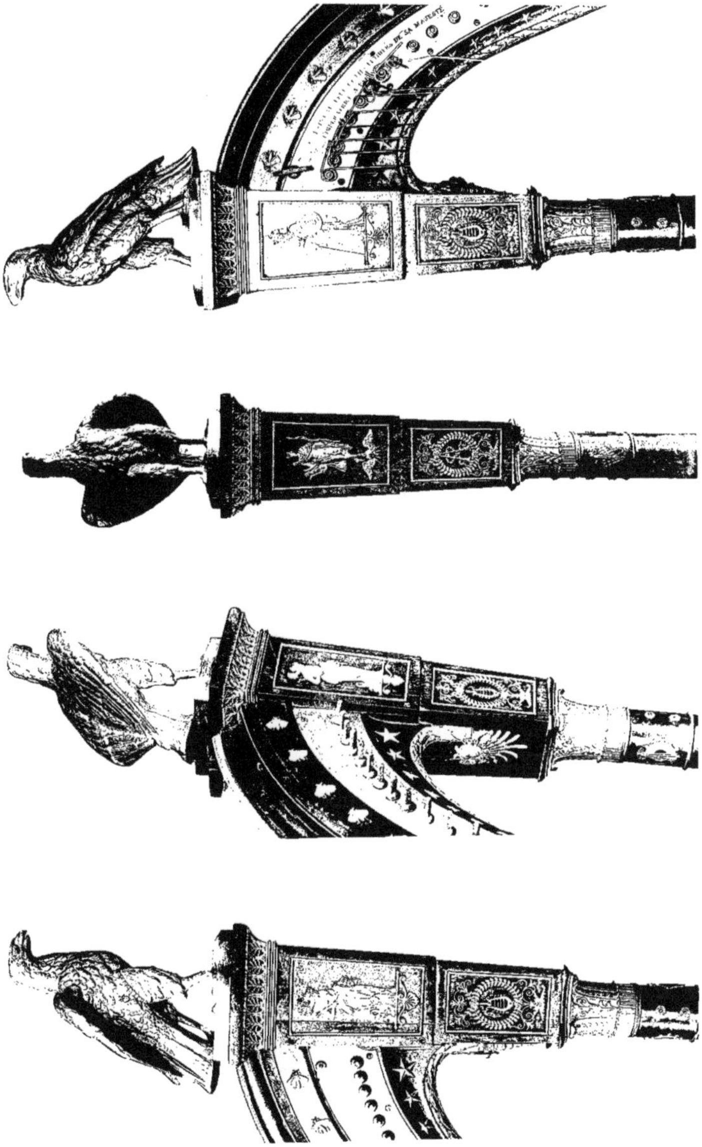

DÉTAILS DE LA HARPE

CH. FOULARD, PARIS

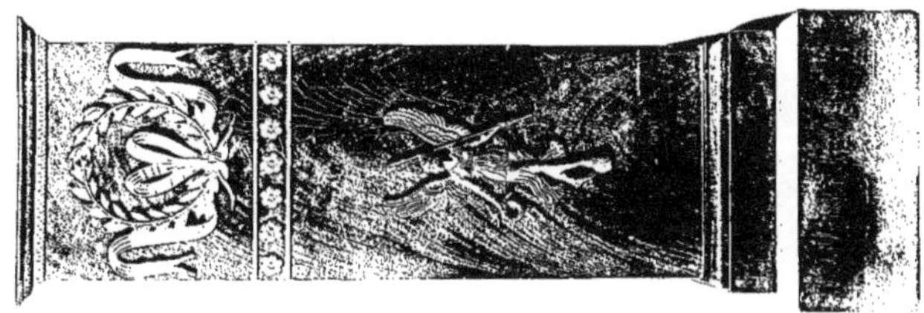

GAINE ET DÉTAILS

CH. FOULARD, PARIS

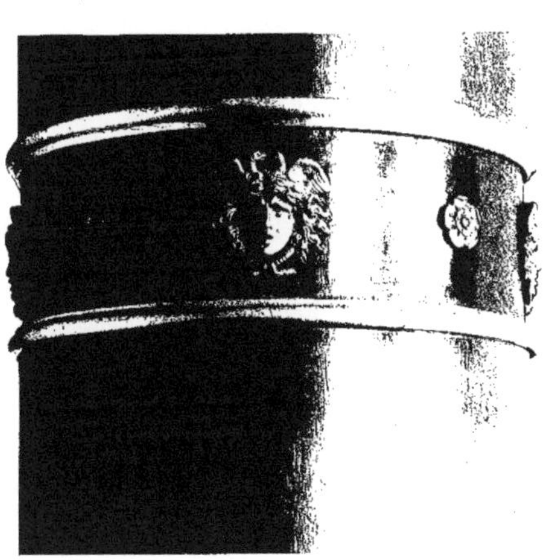

DÉTAILS DE LA DÉCORATION

CH. FOULARD, PARIS

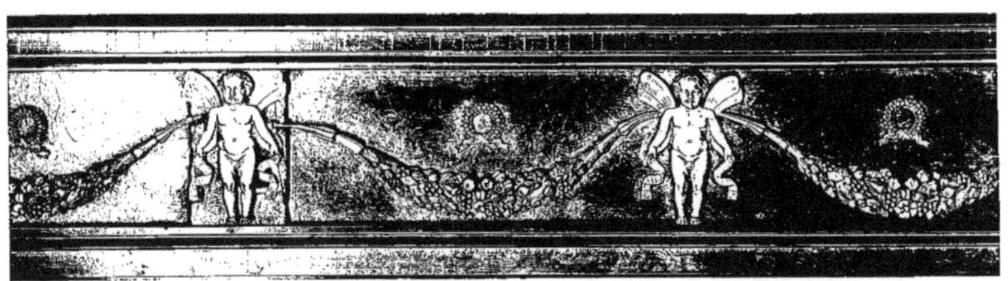

SECRÉTAIRE ET DÉTAIL

CH. FOULARD, PARIS

DÉTAILS DU SECRÉTAIRE

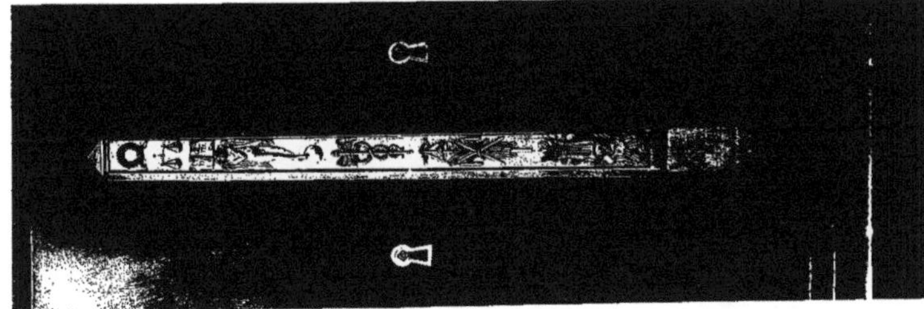

CH. FOULARD, PARIS

BUREAU ET DÉTAIL

CH. FOULARD, PARIS

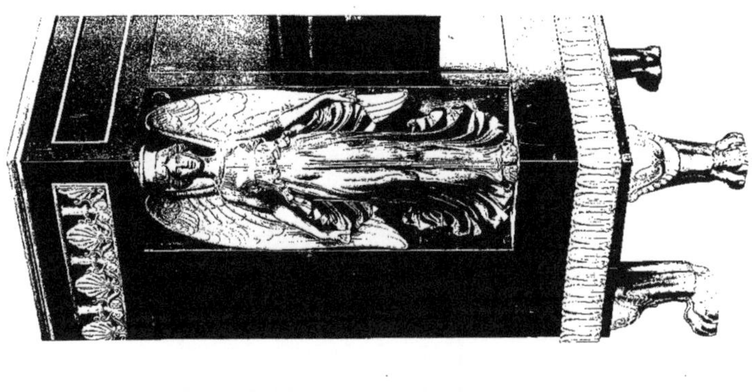

DÉTAILS DU BUREAU

CH. FOULARD, PARIS

SECRÉTAIRE ET DÉTAILS

CH. FOULARD, PARIS

SECRÉTAIRE

CH. FOULARD, PARIS

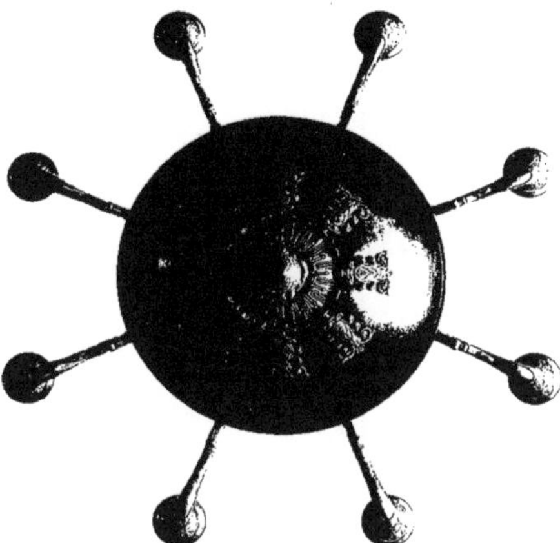

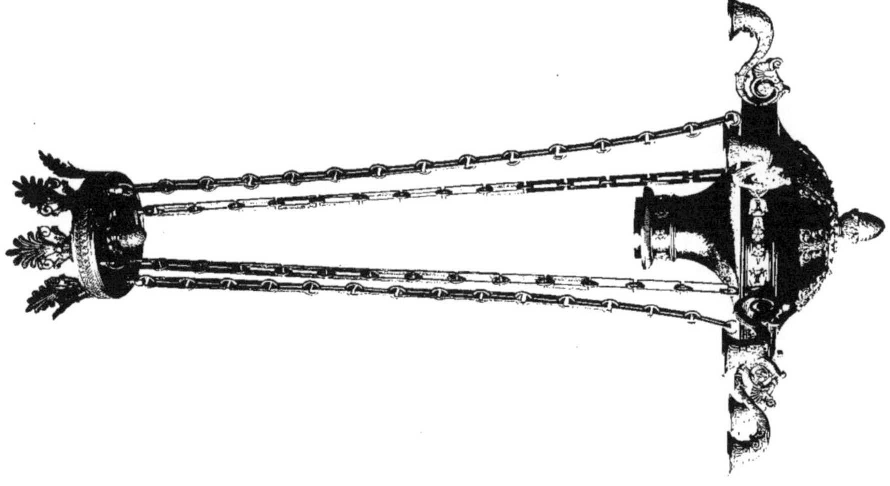

LUSTRE ET DÉTAIL

CH. FOULARD, PARIS

GUÉRIDON EN MOSAIQUE

CABINET DE TOILETTE DE L'IMPÉRATRICE

CH. FOULARD, PARIS

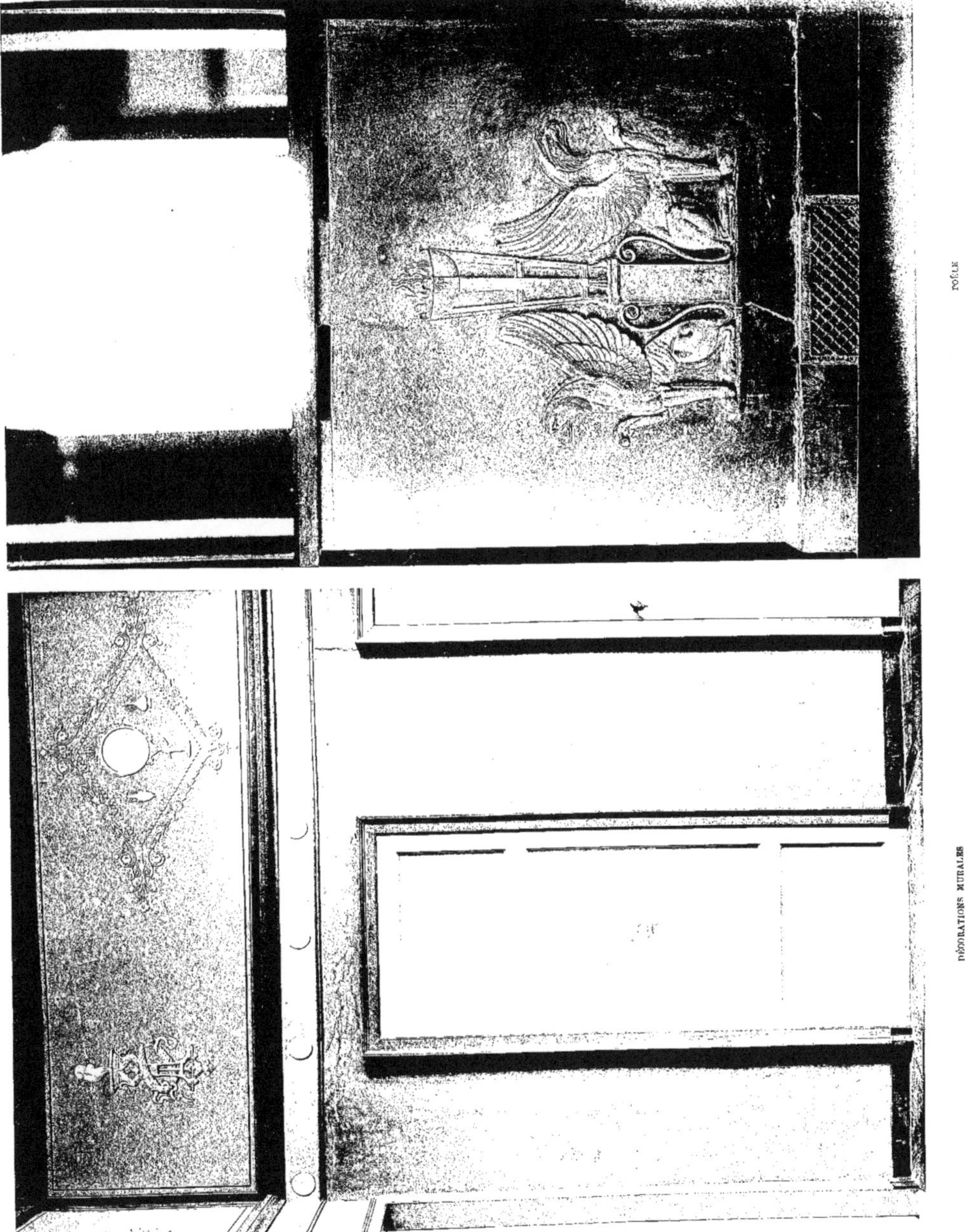

POÊLE

DÉCORATIONS MURALES

CH. FOULARD, PARIS

SALLE DE BAINS

CH. FOULARD, PARIS

SALLE DE BAINS PL. 2.

CH. FOULARD, PARIS

CHAMBRE DE L'EMPEREUR Pl. 1.

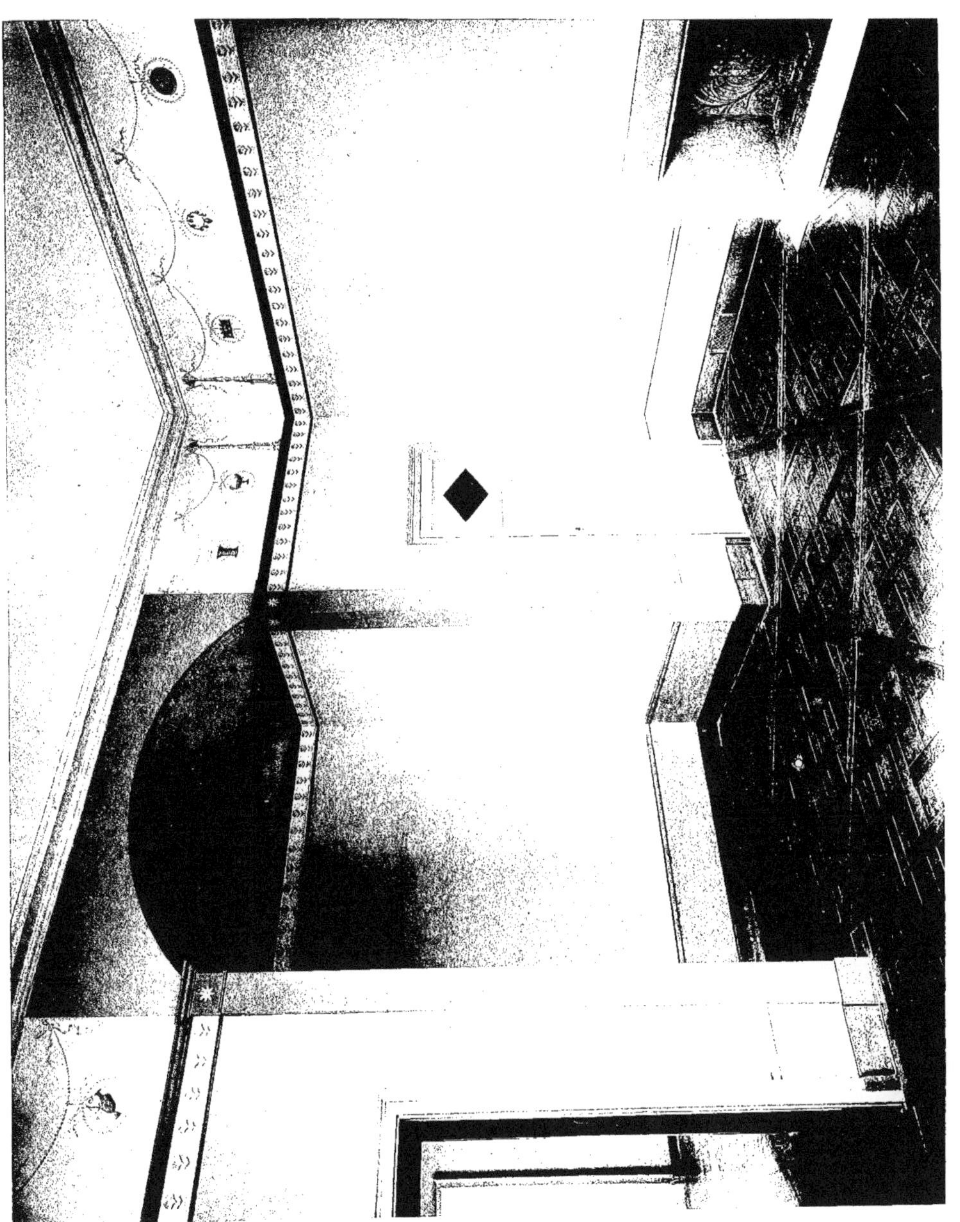

CHAMBRE DE L'EMPEREUR

CH. FOULARD, PARIS

VUE D'ENSEMBLE, COTÉ DU LIT

VUE D'ENSEMBLE, COTÉ DE LA CHEMINÉE

CH. FOULARD, PARIS

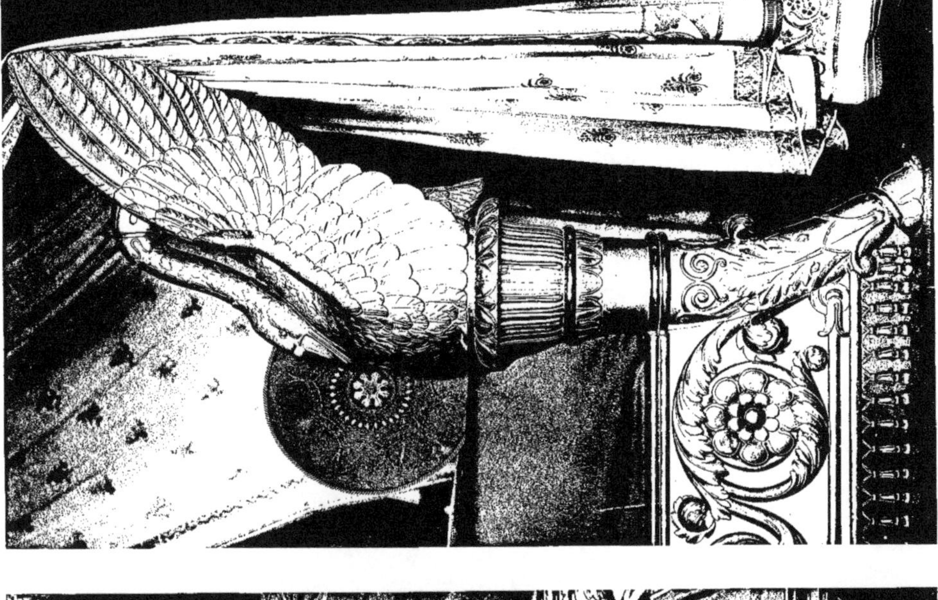

DÉTAILS DU LIT

CH. FOULARD, PARIS

LIT

CH. FOULARD, PARIS

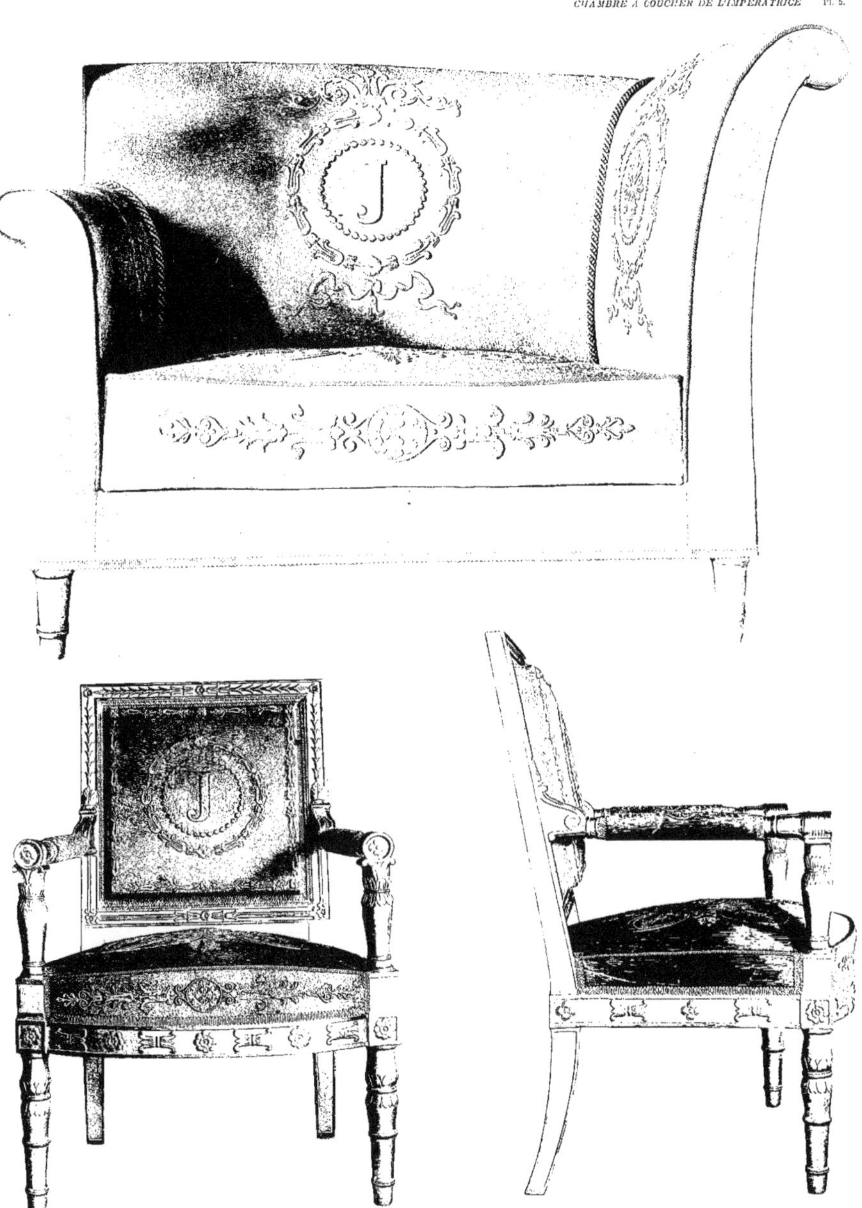

CANAPÉ ET FAUTEUIL

CH. FOULARD, PARIS

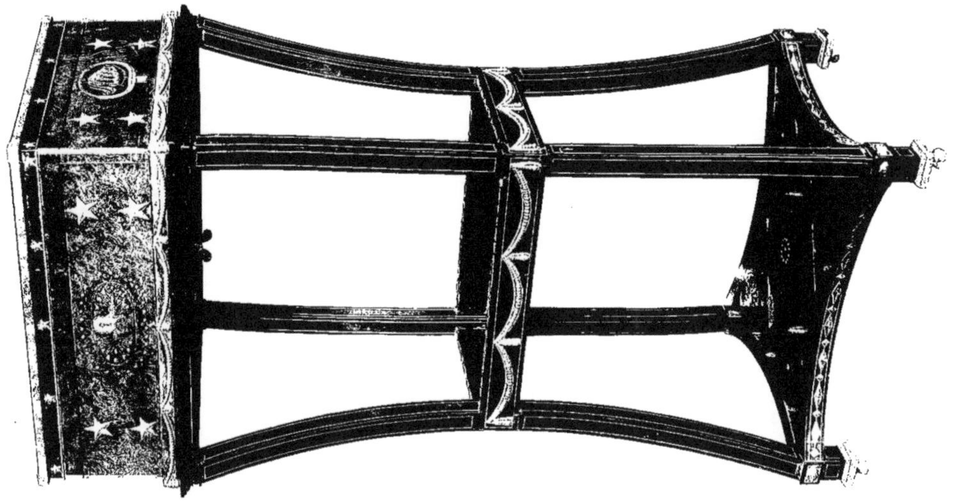

TABLE-NÉCESSAIRE DE TOILETTE DE L'EMPEREUR

ÉCRAN

CH. FOULARD, PARIS

SECRÉTAIRE ET VEILLEUSE

CH. FOULARD, PARIS

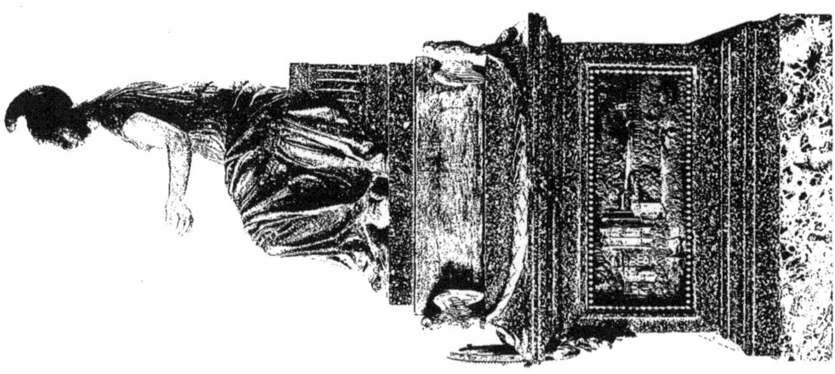

STATUE DE MINERVE ASSISE, EN PORPHYRE, SOCLE EN JASPE ROUGE ANTIQUE
PIÉDESTAL A MOULURE EN PORPHYRE VERT

CH. FOULARD, PARIS

DÉCORATION DES PATÈRES - GUÉRIDON

CH. FOULARD, PARIS

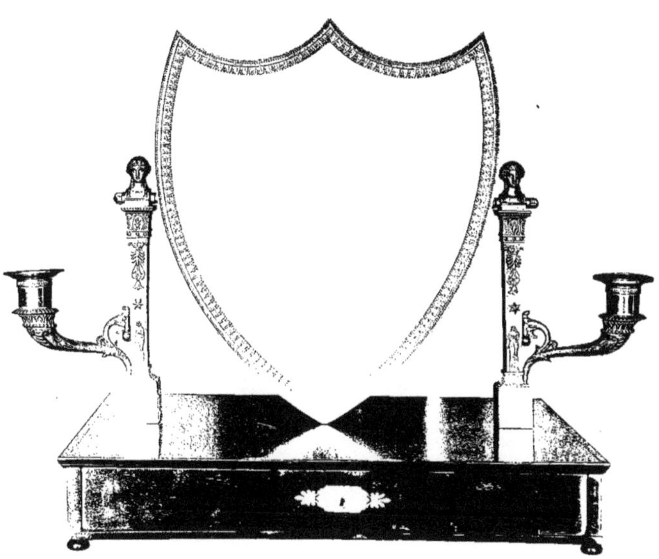

GLACE DU GUÉRIDON - CHENETS

CH. FOULARD, PARIS

LAVABO - SAUT DE LIT

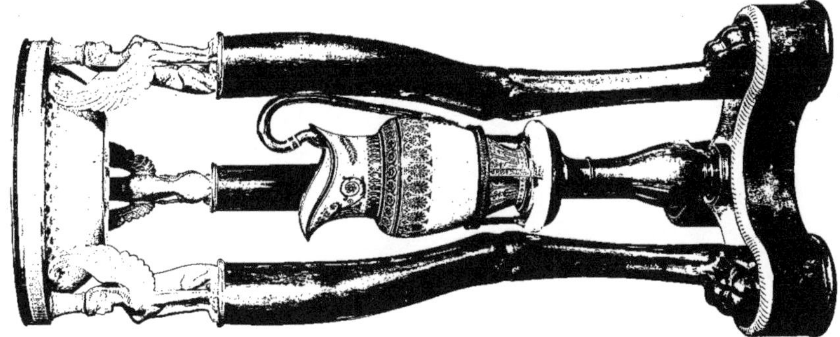

H. FOULARD, PARIS

DÉTAILS DU LAVABO-SAUT DE LIT

DÉTAILS DU SECRÉTAIRE

CH. FOULARD, PARIS

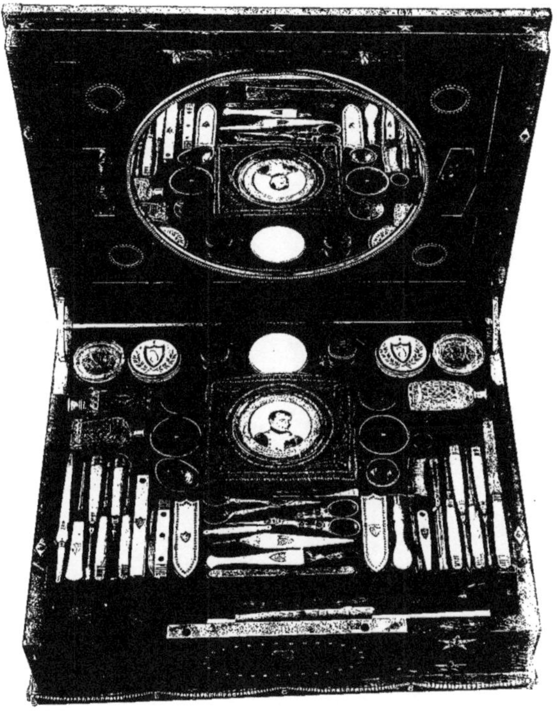

INTÉRIEUR DU NÉCESSAIRE DE TOILETTE

CH. FOULARD, PARIS

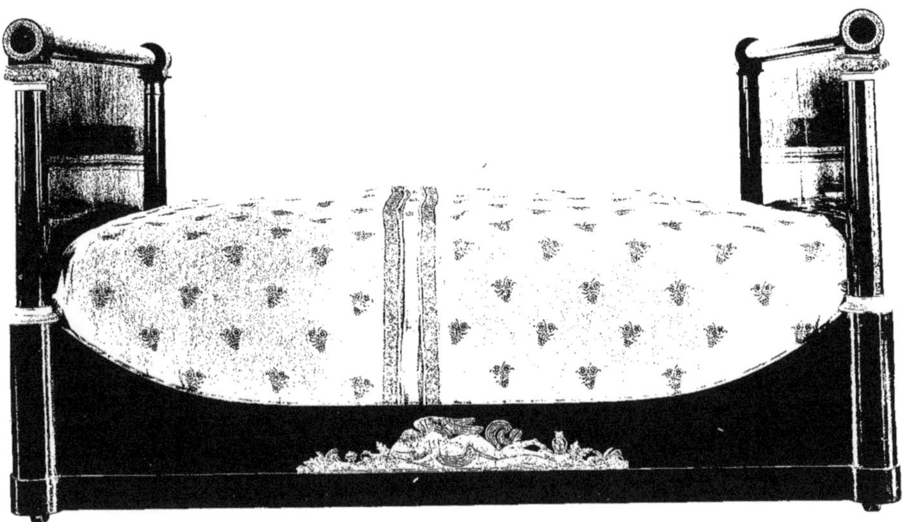

LIT

DÉTAIL

CH. FOULARD, PARIS

TABLE DE TOILETTE

CH. FOULARD, PARIS

TABLE DE NUIT ET JARDINIÈRE

CH. FOULARD, PARIS

VUE D'ENSEMBLE

CH. FOULARD, PARIS

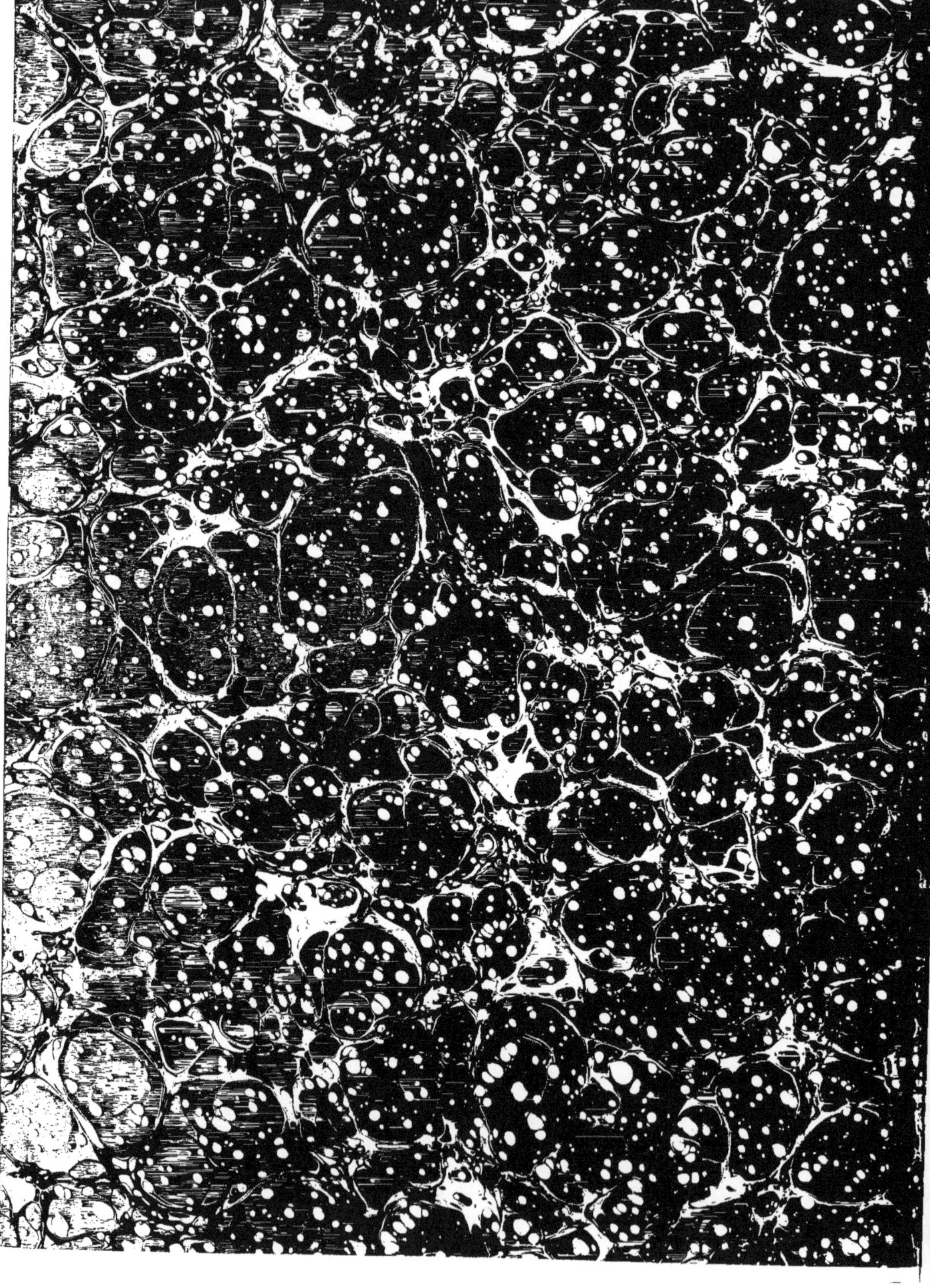

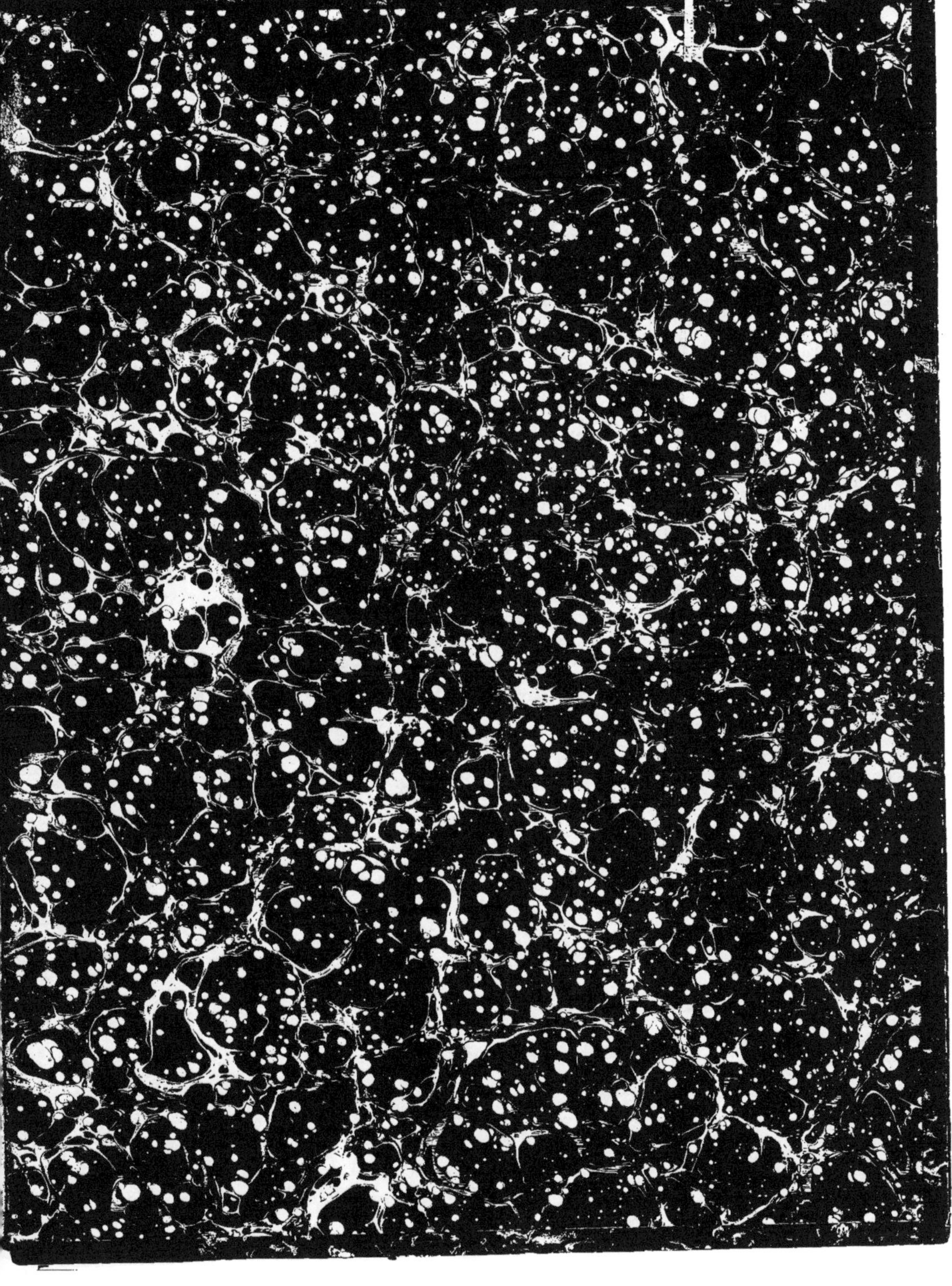

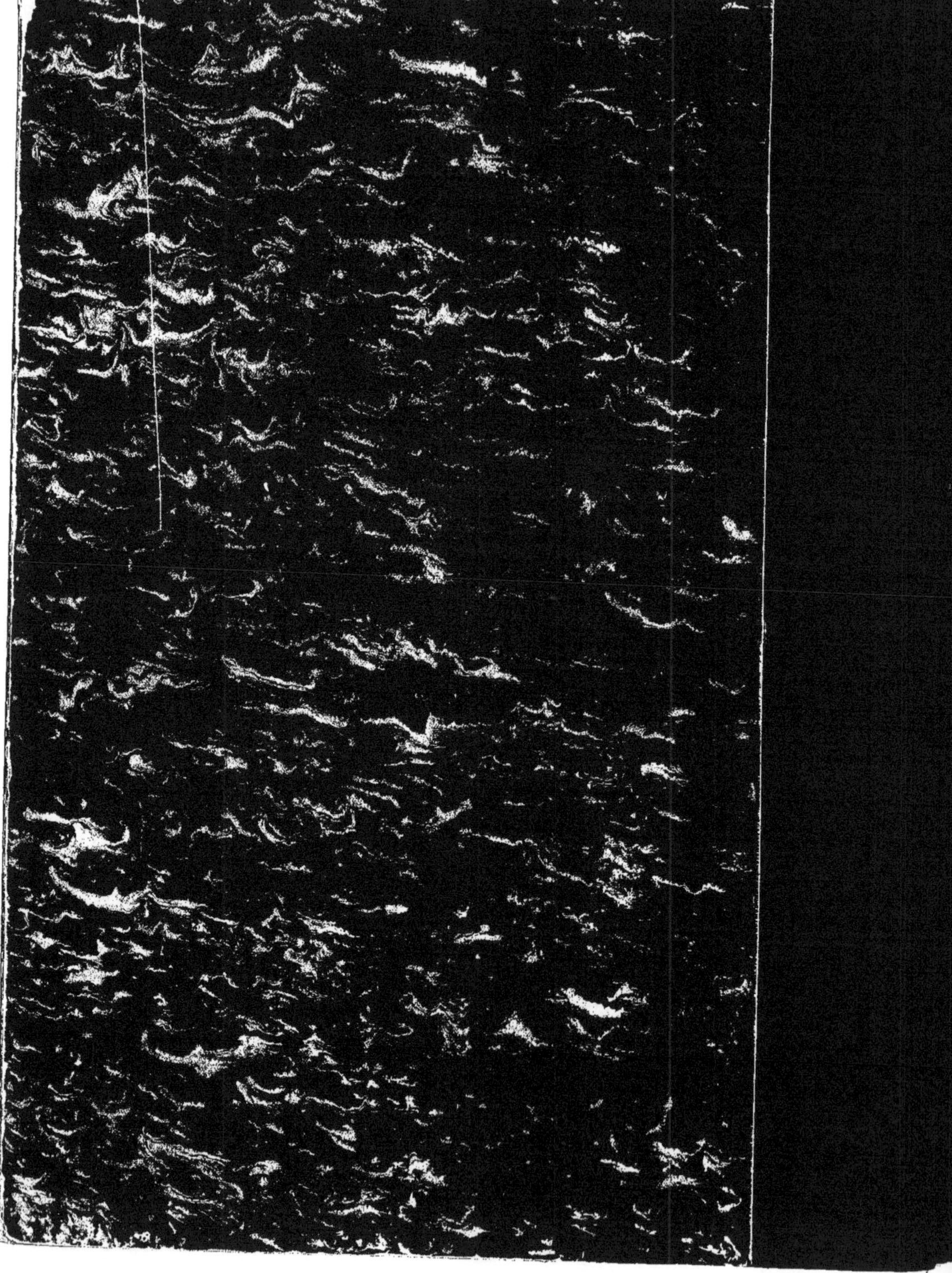

www.ingramcontent.com/pod-product-compliance
Ingram Content Group UK Ltd.
Pitfield, Milton Keynes, MK11 3LW, UK
UKHW021904260726
13966UKWH00006B/505